ARGUMENTAÇÃO LEGISLATIVA

CONTRACORRENTE

Manuel Atienza

ARGUMENTAÇÃO LEGISLATIVA

Tradução de Diógenes Moura Breda

SÃO PAULO
2022

CONTRACORRENTE

Alameda Itu, 852 | 1º andar |
CEP 01421 002
www.loja-editoracontracorrente.com.br
contato@editoracontracorrente.com.br

EDITORES
Camila Almeida Janela Valim
Gustavo Marinho de Carvalho
Rafael Valim
Walfrido Warde
Silvio Almeida

EQUIPE EDITORIAL
COORDENAÇÃO DE PROJETO: Juliana Daglio
REVISÃO: Carla Carreiro
PREPARAÇÃO DE TEXTO: Amanda Dorth
REVISÃO TÉCNICA: Douglas Magalhães
DIAGRAMAÇÃO: Gisely Fernandes
CAPA: Maikon Nery

EQUIPE DE APOIO
Fabiana Celli
Carla Vasconcelos
Fernando Pereira
Valéria Pucci
Regina Gomes
Nathalia Oliveira

Dados Internacionais de Catalogação na Publicação (CIP)
(Câmara Brasileira do Livro, SP, Brasil)

Atienza, Manuel
Argumentação legislativa / Manuel Atienza ; tradução Diógenes Moura Breda. -- São Paulo : Editora Contracorrente, 2022.

Título original: Argumentación legislativa
ISBN 978-65-5396-051-0

1. Argumentação jurídica 2. Direito - Filosofia I. Título.

22-123660 CDU-34:16

Índices para catálogo sistemático:
1. Argumentação jurídica 34:16
Cibele Maria Dias - Bibliotecária - CRB-8/9427

@editoracontracorrente
Editora Contracorrente
@ContraEditora

SUMÁRIO

NOTA INTRODUTÓRIA

No início dos anos de 1980, um dos temas que mais me interessava e que naquele momento eu havia começado a estudar era a teoria e a técnica da legislação. Alguns anos mais tarde (entre 1988 e 1991), escrevi três trabalhos que posteriormente reuni em um livro intitulado *Contribución para una teoría de la legislación*, publicado em 1997. Agora, a editora Astrea publica este material com o título *Argumentação Legislativa*, o qual inclui, além do livro mencionado (sem alterações de qualquer tipo; mantive, inclusive, a Apresentação), três outras contribuições que conectam a teoria da legislação com o que talvez tenha sido meu principal campo de trabalho como filósofo do Direito: a teoria (e a prática) da argumentação jurídica. Refiro-me aos escritos "Argumentação e legislação",[1] "Um modelo de análise da argumentação legislativa"[2] e "A lei espanhola de reprodução humana assistida",[3] que constituem, respectivamente, os capítulos VI, VII e VIII deste livro.

Trinta anos separam o primeiro do último trabalho aqui reunidos, o que significa que a maneira de ver os problemas tratados (e há mais de uma sobreposição de temas entre os vários capítulos

1 Foram apresentados como conferências e depois publicados em MENÉNDEZ, A. *La proliferación legislativa*: un desafío para el Estado de derecho. Madri: Aranzadi, 2004.

2 Foi minha palestra no Congresso sobre Legisprudência, organizado por Oliver-Lalana, Daniel, Universidade de Zaragoza, abril de 2018.

3 Em *El Notario del siglo XXI*, nº 9, Madri, out. 2006.

do livro) nem sempre é exatamente a mesma. No entanto, essas diferenças ou são de pouca importância, ou consistem, basicamente, em um desenvolvimento de alguma ideia apresentada anteriormente.

O que dá unidade a este conjunto (e que forma o núcleo do Capítulo II) é a tentativa de conceber a legislação como um conjunto de interações que ocorrem entre uma série de elementos (editores, destinatários, sistema jurídico, fins e valores) e que permitem distinguir cinco níveis diferentes de racionalidade legislativa: linguística, sistemática, pragmática, teleológica e axiológica; há um sexto nível que introduzi mais tarde e que vem a ser uma espécie de racionalidade transversal e holística, que poderia muito bem ser chamada de "razoabilidade". Trata-se de um esquema simples, mas que pode ser útil, na medida em que oferece alguma orientação em um campo ainda pouco explorado por juristas que cultivam a dogmática ou a Teoria do Direito e no qual é fácil se perder. Além disso, esse esquema é precedido (no Capítulo I) por alguns esclarecimentos sobre o que deve ser entendido por "ciência jurídica", "dogmática jurídica", "técnica legislativa" e "teoria da legislação". Em seguida, é feita uma reflexão sobre o papel da Sociologia do Direito em relação a cada um desses níveis de racionalidade (Capítulo III); uma análise da racionalidade legislativa de tipo externo, em que diferencio uma perspectiva estática e outra dinâmica, dependendo se a relação entre esses níveis é feita em abstrato ou considerando o processo real da legislação (Capítulo IV); e alguns comentários sobre a conexão entre racionalidade prática e legislação (Capítulo IV).

Não preciso acrescentar que, com tal itinerário, não pretendo ter construído nada parecido com uma teoria completa e sistemática da legislação, mas simplesmente, para usar a feliz expressão de Vaz Ferreira, "algumas ideias para se ter em mente", e que podem ser úteis, entre outras coisas, para enfrentar o assunto que abordo nos outros capítulos do livro: o da argumentação legislativa. Assim, no Capítulo VI ("Argumentação e legislação") procuro conectar uma certa concepção da argumentação jurídica (aquela que tenho proposto em vários trabalhos nos últimos anos)[4] com as características da legislação, a fim de sugerir um esquema que possa servir de guia para responder a estas três questões: como analisar uma argumentação legislativa? Como realizá-la? Como argumentar no contexto da legislação? No Capítulo VII ("Um modelo de análise da argumentação legislativa"), o que faço é desenvolver esse esquema muito explicitamente, com base na análise de dois casos legislativos, extraídos da recente experiência parlamentar na Espanha; as conclusões a que chego são, como o leitor verá, bastante amplas e talvez possam servir – espera-se – como um estímulo para novas pesquisas nesse campo. E no Capítulo VIII ("A lei espanhola de reprodução humana assistida") examino os argumentos apresentados sobre essa lei de 2006, antes, durante e após sua tramitação parlamentar, em relação a uma série de pontos que foram (alguns ainda são) particularmente polêmicos, e em que o leitor poderá perceber a presença do esquema anterior, embora de uma forma bastante difusa.

E agora tenho o agradável dever de agradecer (mais uma vez) a Guillermo Lariguet por seu incentivo para a realização desta obra e por sua generosidade em tornar possível sua publicação pela renomada Editora Astrea; sentiremos muita falta de Guillermo no Departamento de Filosofia do Direito em Alicante quando ele retornar a Córdoba, sua terra natal. Estendo meus agradecimentos a Dani Cevallos e a Roberta Simões Nascimento por sua ajuda eficiente na preparação do material, incluindo os ajustes bibliográficos necessários (e sempre irritantes, pelo menos para mim).

MANUEL ATIENZA

---

4 Fundamentalmente em *El derecho como argumentación* e *Curso de argumentación jurídica*.

APRESENTAÇÃO[5]

Ao longo dos últimos anos, tenho me esforçado, com variado êxito, para desenvolver vários projetos de pesquisa no campo da Teoria e da Filosofia do Direito. Um desses projetos buscava contribuir – conforme eu escrevia no primeiro número da revista *Doxa*, publicada no já longínquo ano de 1984 – "para a promoção de uma mudança fundamental de orientação na 'ciência do Direito' tradicional: ao lado da dogmática jurídica" – afirmava, de maneira um tanto enfática naquela época – "devemos ajudar a construir (...) uma teoria e uma técnica da legislação que atualmente não existe".

A busca – "realização" seria mais do que um exagero – desse objetivo é o que explica a elaboração dos três trabalhos que deram origem aos cinco capítulos deste livro. O primeiro desses trabalhos iniciais (agora transformado nos três primeiros capítulos: "Sobre a ciência da legislação", "A racionalidade legislativa" e "Racionalidade legislativa e Sociologia do Direito") foi minha palestra nas Jornadas sobre pesquisa e ensino da Sociologia Jurídica, em homenagem ao professor Renato Treves, realizada em Barcelona em abril de 1988.[6]

---

5 Introdução à obra do autor: ATIENZA, Manuel. *Contribución a una teoría de la legislación*. Madri: Civitas, 1997.

6 ATIENZA, Manuel. "Sociología jurídica y ciencia de la legislación". *In*: BERGALLI, Roberto (Coord.). *El Derecho y sus realidades*:

O segundo (que corresponde ao capítulo IV: "Esboço de uma teoria da legislação") surgiu no ano seguinte e também teve origem em uma palestra apresentada em um congresso de Sociologia (Terceiro Congresso da Federação de Associações de Sociologia da Espanha), realizado em San Sebastián, no mês de setembro de 1989.[7] E o último dos trabalhos, o único que conserva seu título original (o do quinto capítulo: "Razão prática e legislação"), também tem um caráter "congressual", embora desta vez se trate de um encontro de filósofos do Direito: o 15º Congresso Mundial da IVR, realizado em Göttingen, em agosto de 1991.[8]

Como afirmei, embora provenientes de circunstâncias acadêmicas diferentes e de datas distintas, os três trabalhos tinham o mesmo propósito. Uma boa prova desse caráter unitário é que meu trabalho de adaptação dos textos para este livro consistiu, essencialmente, em suprimir fragmentos para evitar redundâncias inúteis. A propósito, ao realizá-lo, não pude deixar de sorrir lembrando a astúcia russo-argentina de meu bom amigo e ilustre jusfilósofo Eugenio Bulygin, que costuma sugerir a seus colegas que se repitam muito para não se contradizerem (entre parênteses, talvez seja apropriado acrescentar, para uso de certos teóricos do Direito, que a racionalidade – no Direito e em todos os outros campos, inclusive na Lógica – significa muito mais do que evitar contradições).

A decisão de agrupar esses artigos e – com as supressões anteriormente mencionadas, mais alguns acréscimos e várias correções – dar-lhes forma de livro, obedece a algumas razões que atendem por nomes próprios. Há algumas semanas, no início de novembro de

---

investigación y enseñanza de la sociología jurídica. Barcelona: PPU, 1989, pp. 41-70.

7 ATIENZA, Manuel. "Contribución para una teoría de la legislación". *Doxa*, nº 6, 1989, pp. 385-403.

8 ATIENZA, Manuel. "Razón práctica y legislación". *ARSP*, nº 52, 1993, pp. 15-32; ATIENZA, Manuel. "Practical reason and legislation". *Ratio Juris*, vol. 5, nº 3, 1992, pp. 269-287.

1996, Elías Díaz insistiu comigo – e tenho certeza de que não fui o único objeto de sua insistência – na necessidade de "desjudicializar" a Teoria do Direito entre nós; não tenho certeza de como a palavra em questão deva ser interpretada, mas estou muito acostumado a descobrir que, no final, "Elías tinha razão", por isso desta vez escolhi participar do processo de mudança defendido por meu querido professor e amigo.

Logo após, dias antes de escrever esta apresentação, a discussão com Virgilio Zapatero – no Seminário de Filosofia do Direito da Universidade de Alicante – de suas ideias e projetos sobre a teoria e as técnicas da legislação reacendeu meu interesse por um assunto que, nos últimos anos, eu só havia considerado sob a perspectiva da argumentação jurídica. E, finalmente, o fato de Tomás Ramón Fernández ter avaliado positivamente esses trabalhos contribuiu decisivamente para transformar os motivos já mencionados em uma decisão.

As causas mais remotas devem-se ao "variado êxito" a que me referia no início. Obviamente, não é fácil saber o que torna uma obra de Filosofia do Direito "exitosa", nem sequer é óbvio o que deve ser entendido como tal, ou seja, em que consiste tal êxito. De qualquer forma, como os trabalhos apresentados a seguir – ou melhor, o núcleo deles: a ideia de que a racionalidade legislativa pode ser vista como uma estrutura de cinco níveis – foram úteis para alguns filósofos do Direito e cientistas sociais,[9] pareceu-me que eles também poderiam ser de algum interesse para uma audiência de juristas como a dos *Cuadernos Civitas*. Claro, é bem possível que eu esteja errado neste

---

9 AGUILÓ REGLA, Josep. "Técnica legislativa y documentación automática de la legislación". *Informatica e Diritto*, vol. XVI, nº 1, 1990, pp. 87-110; CALSAMIGLIA, Albert. "¿Debe ser la moral el único criterio para legislar?" *Doxa*, nº 13, 1993, pp. 161-178; MUNNÉ, Frederic. "Reduccionismo y decisiones implícitas en las decisiones judiciales". *In*: SOBRAL, Jorge; ARCE, Ramón; PRIETO, Ángel (Coord.). *Manual de psicología jurídica*. Barcelona: Paidós, 1994; GONZÁLEZ LAGIER, Daniel. *Acción y norma en G. H. von Wright*. Madri: Centro de Estudios Constitucionales, 1995, cap. XIII.

ponto, mas mesmo nesse caso continuarei pensando que os destinatários "naturais" das obras de Filosofia do Direito são os juristas (teóricos e práticos). Cometemos um erro ao escrever Filosofia do Direito somente para filósofos do Direito. Também se equivocam os juristas – em particular, os cultivadores da dogmática –, que não conseguem ver que, para eles, não pode haver nada mais prático, seja qual for sua noção de "prática", do que a Filosofia do Direito.

MANUEL ATIENZA

CAPÍTULO I

SOBRE A CIÊNCIA DA LEGISLAÇÃO

§ 1 "Ciência do Direito" e "ciência da legislação"

O uso da expressão "ciência do Direito" levanta, pelo menos, dois problemas distintos, embora conectados entre si. O primeiro diz respeito ao próprio conceito de ciência e à possibilidade de que, no caso de utilizá-lo de maneira um tanto rigorosa, não se possa considerar como tal o que (ou muito do que) é normalmente chamado de "ciência" do Direito. O segundo problema é que existe uma grande variedade de perspectivas a partir das quais o fenômeno jurídico pode ser estudado, de modo que, em todo caso, deveríamos falar de *ciências* do Direito ou mesmo de conhecimentos jurídicos. Assim, o Direito pode ser estudado, por exemplo, de um ponto de vista interno ou externo, normativo ou social, descritivo ou valorativo, sincrônico ou diacrônico, particular ou geral... Tais distinções podem ser (e geralmente têm sido) utilizadas para contrapor a dogmática jurídica (caracterizada, em cada caso, pelo primeiro termo de cada dicotomia) com outras disciplinas que também lidam com o Direito; seriam elas: a Sociologia do Direito, as Ciências Sociais em geral, a Filosofia do Direito, a História do Direito e a Teoria Geral do Direito.

A insistência com que essas contraposições aparecem e a relevância inquestionável que elas têm na reflexão sobre o Direito provam, a meu ver, que a dogmática constitui algo como o núcleo da expressão "ciência do Direito". Ora, tal fato proporcionaria um forte argumento a favor do abandono dessa expressão, dado o notório afastamento entre o atual modelo de conhecimento dogmático vigente entre os juristas e o conceito de ciência arraigado em nossa cultura; esse abandono, aliás, não precisa ser entendido como uma desqualificação da dogmática jurídica: essa atividade pode cumprir uma função social útil (e a cumpre, de fato, em muitos casos), independentemente de ser ou não uma atividade científica.[10] De todo modo, como não parece fazer muito sentido se opor a um uso estabelecido na linguagem, a conclusão do que foi dito até agora é a necessidade de se estar ciente de que, quando se fala de "ciência do Direito", a expressão "ciência" está sendo usada em um sentido verdadeiramente lato.

Com o termo "ciência da legislação" provavelmente ocorre algo semelhante. Por um lado, pode-se pensar que é realmente um abuso de linguagem falar de "ciência" aqui, considerando o tipo de atividades envolvidas; se o faço, porém, é pelas mesmas razões e com a mesma precaução que acabo de indicar. Por outro lado, o estudo da legislação também admite uma grande pluralidade de perspectivas. Para começar, parece ser necessário diferenciar a chamada "ciência da legislação" da dogmática jurídica, uma vez que, como disciplina, esta última também tem a lei como seu principal objeto de estudo. É possível, além do mais, que esta seja uma boa maneira de se aproximar do conceito de ciência da legislação.

---

10 Cf. ATIENZA, Manuel. *Introducción al Derecho*. Barcelona: Barcanova, 1985; ATIENZA, Manuel. "Sobre la jurisprudencia como técnica social. Respuesta a Roberto J. Vernengo". *Doxa*, nº 3, 1986, pp. 297-311; VERNENGO, Roberto. "Ciencia jurídica o técnica política: ¿es posible una ciencia del Derecho?" *Doxa*, nº 3, 1986, pp. 289-295.

§ 2 Dogmática jurídica, técnica legislativa e teoria da legislação

A distinção entre essas duas disciplinas é geralmente feita nos seguintes termos, ou em termos semelhantes a estes:[11] diferentemente da dogmática jurídica tradicional que parte das leis, das normas jurídicas, como uma realidade dada para, a partir dessa base, resolver problemas ligados à interpretação e aplicação, a ciência (técnica, doutrina ou teoria) da legislação trata do processo ou atividade cujo resultado é a produção de normas jurídicas (ou, mais especificamente, de um tipo de normas jurídicas). Tal caracterização é sem dúvida correta, porém ainda excessivamente abstrata, e deve que ser melhor definida tanto em um sentido positivo quanto, sobretudo, em um sentido negativo.

Ao contrário do que poderia parecer, o critério de distinção não reside no fato de que uma disciplina (a dogmática jurídica) estude o Direito (as normas jurídicas) como produto e a outra (a ciência da legislação) o estude como atividade; ou, menos ainda, que uma se preocupe com a dinâmica e a outra com a estática do Direito. A dogmática jurídica, por exemplo, trata basicamente da interpretação do Direito, não apenas como resultado, mas também como atividade. A ciência da legislação, por sua vez, obviamente também se interessa pela lei como um produto que deve possuir certas características formais e produzir certos efeitos no sistema jurídico e no sistema social.

Isso significa que a distinção em questão tampouco pode ser vista como uma distinção de caráter temporal. Não se poderia afirmar, por exemplo, que uma disciplina trata da legislação em uma fase que termina com a promulgação, e a outra se dedica a uma fase que vai de promulgação a interpretação e aplicação. É óbvio que a

---

11 Cf., por exemplo, GRUPO DE ESTUDIOS DE TÉCNICA LEGISLATIVA - GRETEL. *La forma de las leyes*: 10 estudios de técnica legislativa. Barcelona: Bosch, 1986, pp. 10 e ss.

dogmática jurídica também está interessada no "antes", pois é somente remontando à fase anterior à promulgação que o significado das leis pode ser compreendido e, consequentemente, podem-se desenvolver critérios de interpretação adequados. E a ciência da legislação, no "depois": a análise dos resultados produzidos pelas normas, ou seja, o que acontece com as normas – com as leis – depois de promulgadas não pode deixar de ser um pressuposto essencial para poder enfrentar com alguma chance de sucesso a tarefa de melhorar a legislação.

Outra possibilidade a ser descartada é aquela que considera que a dogmática jurídica trata do que o Direito é, e a ciência da legislação trata de *como* ou do que *deveria ser* o Direito. A primeira seria, portanto, uma disciplina descritiva (mesmo que ela descreva normas) e a outra uma disciplina prescritiva (que prescreve ou propõe normas). Essa distinção, como se sabe, remonta pelo menos à Austin, mas, apesar de sua relevância histórica, é insustentável, na medida em que ambas as disciplinas parecem incluir momentos descritivos e prescritivos. O próprio Austin já apontava que a ciência da legislação pressupunha a Jurisprudência, na medida em que não parece fazer muito sentido formular propostas sobre como o Direito deve ser se não soubermos de antemão como ou o que ele é. Além disso – e este seria o argumento fundamental –, a dogmática jurídica, tal como é praticada, é uma disciplina *normativa* não só em termos de seu objeto ou seu método, mas também em termos de sua função: o jurista dogmático, de fato, contribui de várias maneiras para moldar o material normativo que constitui, ao mesmo tempo, seu objeto de estudo.[12]

O que finalmente parece ser possível dizer sobre essa distinção é que a dogmática jurídica parte das leis (das normas jurídicas) como dados (mas não como dados cujo significado já fora estabelecido, de modo que ela só tem a tarefa de verificá-los ou revelá-los, simplesmente

12 Cf. ATIENZA, Manuel. *Introducción al Derecho*. Barcelona: Barcanova, 1985, pp. 274 e ss.

como material pré-existente) que devem ser utilizados como uma base para tentar otimizar a interpretação e a aplicação do Direito. Enquanto a técnica legislativa (note-se que aqui já não estou mais falando de "ciência") também toma como dados as normas jurídicas já existentes, juntamente com as necessidades sociais, as peculiaridades da linguagem jurídica etc., e, a partir desses elementos, tenta obter, como resultado, a otimização da produção de normas oriundas da legislatura e de certos órgãos administrativos. Consequentemente, a primeira se dirige basicamente aos intérpretes e aplicadores do Direito (juízes, advogados, funcionários públicos etc.) e a outra aos políticos (membros do Legislativo e de órgãos superiores do governo) e técnicos (geralmente funcionários do governo) que aconselham ou redigem diretamente essas normas. Essa caracterização não é, contudo, clara em si mesma. É necessário, novamente, definir de maneira mais precisa e indicar algumas consequências que derivam do que foi dito nesta seção.

A falta de clareza decorre, em parte, da dificuldade de distinguir os momentos de produção, interpretação e aplicação no Direito. Por um lado, não há dúvida de que a dogmática jurídica também está orientada para a produção de novo Direito, quando se entende que o juiz (e os funcionários que "aplicam" o Direito) estabelecem novas normas; ou seja, quando se aceita que as sentenças e decisões administrativas também são normas, também são atos de produção de Direito. Por outro lado, a técnica legislativa também diz respeito à aplicação e à interpretação do Direito, pois quando uma nova lei é produzida (entendida no sentido, um tanto impreciso, de uma norma geral e abstrata), pode-se dizer que outras leis também estão sendo interpretadas e aplicadas. Por isso, foi necessário especificar que a técnica legislativa diz respeito à produção de certos tipos de normas jurídicas. Além disso, não parece que tais normas, que poderiam ser chamadas de *leis* em um sentido amplo do termo, possam ser claramente diferenciadas de outras normas jurídicas, a não ser em relação ao órgão e ao procedimento de produção. O critério da generalidade e da abstração (por si só relativo, já que diferentes graus de generalidade e abstração são possíveis) é, além disso, meramente indicativo: um parlamento pode estabelecer normas particulares e concretas, e as decisões dos tribunais podem ter um escopo bastante geral e abstrato; este último é, por exemplo, evidente no caso das decisões dos Tribunais Constitucionais, mas também é válido para as decisões de outros Tribunais, se considerarmos que não apenas a sentença como tal, mas também sua *ratio decidendi*,[13] forma parte da decisão.

Quanto ao tipo de conhecimento ou habilidades inerentes a ambas as atividades (a dogmática jurídica e a técnica da legislação), parece-me que também aqui há muitas coincidências. No ponto "c" foi destacado que o técnico da legislação tinha que partir não apenas de um conhecimento das normas, mas também das necessidades sociais ou da linguagem. Mas, na realidade, isso também deveria se aplicar ao dogmático. O jurista dogmático – e o jurista prático – não deve ser apenas um conhecedor das normas jurídicas, do Direito vigente, mas também deve conhecer a realidade social (se descartamos, como é habitual, uma concepção puramente formalista da interpretação e aplicação do Direito) e os problemas linguísticos relacionados não apenas à interpretação dos textos, mas também à sua redação.

As duas disciplinas são também semelhantes no sentido de que nenhuma delas obedece ao modelo do agir científico, mas sim ao do agir técnico. A distinção entre ciência e técnica é tão relativa e complexa quanto se queira, mas não parece que possa (ou deva) ser suprimida. Sem entrar propriamente nessa questão,[14] creio que se pode afirmar que, tanto no caso da dogmática jurídica quanto no caso da técnica da legislação, não se trata de explicar um fenômeno, e sim de estudar como se pode chegar a um determinado resultado sob

---

13 Cf. BULYGIN, Eugenio. "Sentenza giudiziaria e creazione di diritto". *Rivista Internazionale di Filosofia del Diritto*, nº 44, 1967, pp. 164-180.

14 Cf. BUNGE, Mario. *Seudociencia e ideología*. Madri: Alianza Universidad, 1985.

certas condições; não tanto de conhecer uma realidade, mas de obter resultados práticos utilizando certos conhecimentos e dados prévios.

As observações acima sugerem que a distinção entre dogmática jurídica e técnica legislativa é, afinal de contas, bastante relativa e com contornos pouco definidos. A explicação para isso, naturalmente, é que estamos tratando de técnicas que se concentram em diferentes momentos ou aspectos de uma mesma realidade: o Direito. Poderíamos chamar de técnica jurídica o conjunto formado pela dogmática jurídica e pela técnica legislativa.[15]

Enquanto a dogmática jurídica surge historicamente (em Roma) com o aparecimento da figura do jurista, o que em vários aspectos significou a profissionalização das funções de interpretação, aplicação (e produção) do Direito, a técnica jurídica que está emergindo nestas duas últimas décadas significa também uma certa profissionalização da produção do Direito (pelo legislador e pelos altos órgãos da Administração) e está ligada ao surgimento de uma nova profissão jurídica: a do *draftsman*, ou redator de normas. O surgimento de ambas as técnicas está, portanto, ligado a processos de profissionalização e especialização que caracterizam certas fases do desenvolvimento do Direito.

Dadas as afinidades entre essas duas disciplinas e o fato de que a técnica legislativa está ainda em seus inícios, enquanto a dogmática jurídica (jurisprudência) pode ser corretamente considerada como um dos saberes sociais de maior tradição, a primeira certamente poderia usar a segunda como modelo. Deveria, no mínimo, considerar quais foram os maiores "erros" cometidos pela dogmática no decorrer de seu desenvolvimento, para evitá-los. Acredito que um desses erros consistiu em esquecer com frequência, ou não ter consciência suficiente, de sua natureza técnica, o que a levou a – ou pelo menos não a impediu de – embarcar em elucubrações pseudocientíficas como a

---

15 Cf. ALBERT, Hans. "Critical rationalism: the problem of method in social sciences and law". *Ratio Juris*, vol. 1, nº 1, 1988, pp. 1-19.

busca de naturezas jurídicas. Tanto para a dogmática jurídica quanto para as técnicas legislativas cabe, seguramente, a mesma sugestão metodológica: seus praticantes não devem tentar fazer ciência, mas usar o conhecimento científico e tecnológico disponível para que essas disciplinas possam se tornar tecnologias (isto é, não técnicas tradicionais, mas técnicas que utilizam o conhecimento científico). Outro erro a ser evitado é, sem dúvida, o do formalismo; com isso quero dizer que a técnica legislativa que se está gestando agora não deve seguir os passos da dogmática e desenvolver-se de costas para o conhecimento social (em particular, de costas para a sociologia).

Finalmente, é importante não esquecer que a existência ou desenvolvimento de um saber técnico sobre legislação obviamente não exclui que o mesmo fenômeno possa ser estudado (e, de fato, seja estudado) a partir de outras perspectivas, científicas ou não. A reflexão sobre problemas de natureza mais abstrata e conceitual que não têm, ao menos a curto prazo, uma finalidade prática pode ser chamada de *teoria da legislação*. Portanto, naquilo que foi denominado "ciência da legislação" no início do capítulo, dois níveis diferentes de análise poderiam ser identificados: o da técnica e o da teoria da legislação; qual é a relação ou qual deve ser a relação entre essas duas disciplinas entre si, e de cada uma delas com outras disciplinas como a Sociologia do Direito, a Filosofia do Direito, a Lógica Jurídica etc., é um problema importante e de difícil resolução.

§ 3 Legislação, saberes jurídicos e ciências sociais

Já foi dito que a técnica legislativa se propõe a otimizar a produção das leis, e a teoria da legislação, a explicar o fenômeno da legislação a partir de uma perspectiva geral. O processo de produção das leis – a *legislação* – pode ser entendido como uma série de interações que ocorrem entre elementos distintos: editores, destinatários, sistema jurídico, fins e valores. De um ponto de vista bastante abstrato, pode-se dizer que os editores são os autores das normas; os destinatários, aqueles aos quais as normas são dirigidas; o sistema jurídico, o conjunto do qual a nova lei se torna parte; os fins, os objetivos ou metas (entendidos no sentido mais amplo) que se buscam no estabelecimento das leis; e os valores, as ideias que servem para justificar esses fins. O produto de tais interações são as leis. Elas são o ponto de partida para novos processos (a interpretação e a aplicação) sobre os quais a dogmática jurídica se debruça, mas, ao mesmo tempo, não podem ser ignoradas caso se queira entender, e intervir, na produção legislativa.

Por um lado, a análise do fenômeno da legislação não envolve apenas disciplinas jurídicas mais ou menos tradicionais (à dogmática jurídica devem obviamente ser agregados o Direito Comparado e a Teoria Geral do Direito), mas também o conhecimento formal (como a lógica ou a informática), praticamente todas as disciplinas humanas e sociais (especialmente as Ciências da Linguagem e a Sociologia) e a própria Filosofia. Por outro lado, o discurso sobre a legislação que é apresentado com o rótulo de "ciência", "doutrina", "teoria", "técnica" etc. tende a ser, de fato, muitas vezes heterogêneo, no sentido de que pretende cumprir uma pluralidade de funções: não apenas descrever a atividade legislativa, mas também explicá-la, criticá-la e propor medidas para seu aperfeiçoamento. Finalmente, o auge atual (a partir da década de 1970) desse tipo de estudos (cujas origens remontam ao início do século XVIII)[16] está ligado à atual crise do Direito, que transcorre de maneira paralela e indissociavelmente vinculada à crise do Estado de Bem-Estar Social; pode-se até dizer que a técnica legislativa surge da necessidade de dar uma resposta prática à crise, e a teoria da legislação, da necessidade de encontrar uma explicação teórica para o fenômeno.

---

16 Cf. HEYEN, Erk Volkmar. "Historische und philosophische Grundfragen der Gesetzgebungslehre". *In*: SCHRECKENBERGER, Waldemar (Coord.). *Gesetzgebungslehre*: Grundlagen Zugänge Anwendung. Stuttgart: Kohlhammer, 1986, pp. 11-20.

Consequentemente, os estudos da legislação parecem enfrentar, nessa fase inicial de seu desenvolvimento, três tipos diferentes de problemas, os quais têm de ser tratados de alguma forma. A primeira é a busca de uma unidade, ou pelo menos de uma certa articulação, entre conhecimentos tão heterogêneos quanto os aqui compreendidos, evitando o mero recurso a esquemas vagamente interdisciplinares. O segundo é a definição do *status* epistemológico desse tipo de estudos, elucidando, talvez, a diferença entre técnica e teoria. E o terceiro é o de evitar o uso de ambas como ideologias destinadas não a *superar* a crise, mas a *encobri-la*; parece-me que uma atitude desse tipo é adotada por aqueles que fingem que a atual crise do Direito, a crise da legislação, é apenas uma crise de "crescimento" que pode ser corrigida simplesmente pela melhoria da qualidade técnica das leis.

CAPÍTULO II

A RACIONALIDADE LEGISLATIVA

§ 4 Níveis de racionalidade legislativa

Uma maneira de encarar esse triplo desafio com que finalizei o capítulo anterior poderia consistir em desenvolver e esclarecer a ideia de *racionalidade* ou *racionalização*, que está presente de alguma forma em todos os estudos sobre a legislação, quer tenham ou não uma finalidade de caráter prático. Pois bem, a racionalização da atividade legislativa pode ser (e de fato é) compreendida de diversas maneiras. Na minha opinião, é necessário distinguir cinco modelos, ideias ou níveis de racionalidade: uma *racionalidade comunicativa ou linguística* (R1), em que o emissor (editor) deve ser capaz de transmitir uma mensagem (a lei) fluentemente ao receptor (o destinatário); uma *racionalidade jurídico-formal* (R2), pois a nova lei deve ser inserida harmoniosamente em um sistema jurídico; uma *racionalidade pragmática* (R3), pois a conduta dos destinatários teria que se adequar ao que está prescrito na lei; uma *racionalidade teleológica* (R4), pois a lei teria que alcançar os fins sociais almejados; e uma *racionalidade ética* (R5), pois as condutas prescritas e as finalidades das leis pressupõem valores que deveriam ser suscetíveis de justificação ética [ver tabela do § 15].

A partir daqui, podem-se tentar dois tipos de análise distintos. O primeiro é uma análise de caráter *interno*: cada modelo ou ideia de racionalidade constrói os elementos da atividade legislativa de uma certa maneira; permite distinguir certas disciplinas que cumprem um papel norteador de outras que possuem um caráter meramente auxiliar; define uma noção de irracionalidade e sugere quais técnicas utilizar para ampliar a racionalidade. O outro tipo de análise poderia ser chamado de *externo*, na medida em que trataria de mostrar as relações entre esses diferentes níveis de racionalidade: assim, pode-se dizer que entre eles existem relações de compatibilidade (por exemplo, entre R1 e R2), de dependência (uma racionalidade linguística ou comunicativa mínima é uma condição necessária para os outros níveis de racionalidade), ou mesmo de incompatibilidade (por exemplo, entre R4 e R5, ou entre R2 e R4).

No restante deste capítulo farei uma breve análise de caráter interno a respeito de cada uma dessas racionalidades.

§ 5 A racionalidade linguística

No nível R1 de racionalidade, o editor e o destinatário das leis são considerados, respectivamente, emissores e receptores de certos tipos de informação que estão organizados em um sistema (o sistema jurídico é visto essencialmente como um sistema de informação). Portanto, o editor aqui não é tanto (ou não é somente) o editor formal (por exemplo, o Parlamento), mas, sobretudo, o redator da mensagem (o *draftsman*). O sistema jurídico será constituído por uma série de enunciados linguísticos organizados a partir de um código comum ao emissor e ao receptor (uma linguagem) e pelos canais que garantem a transmissão das mensagens (leis). O destinatário da informação pode não ser (ou não ser primordialmente) o destinatário formal da norma.

Dito de outra forma, uma lei pode não ser clara para aqueles que têm que cumprir os mandamentos que ela contém (por exemplo, os de uma lei tributária), sem que isso signifique que ela seja linguisticamente defeituosa (seria suficiente, por exemplo, que fosse clara para os contadores ou para os auditores fiscais). A finalidade da atividade legislativa no R1 é simplesmente a comunicação fluida de mensagens normativas. E o valor subjacente a essa finalidade é um valor instrumental, no sentido de que não se trata da comunicação livre de toda coação a que teorias como a de Habermas se referem ao definir uma situação ideal de diálogo. A clareza comunicativa só assume um valor em função de valores que devem ser buscados em outros níveis de racionalidade. Por exemplo, uma lei que restrinja de modo impreciso as liberdades políticas pode ser preferível (ou ser menos prejudicial) do que uma lei que o faça de forma clara e inequívoca.

No nível R1, pode-se dizer que uma lei é irracional (ou não racional, ou não totalmente racional) se, e na medida em que, falha como ato de comunicação. Como há muitas oportunidades para que um ato fracasse como ato comunicativo, as leis tendem a não ser totalmente racionais já nesse primeiro nível. Elas podem apresentar defeitos sintáticos ou opacidade semântica; os meios de comunicação responsáveis pela transmissão da mensagem podem não ter funcionado adequadamente; é possível que os destinatários não tenham um nível de preparação adequado para compreender a mensagem, entre outros fatores. Um caso extremo de irracionalidade em R1 ocorre quando a mensagem transmitida é exatamente o oposto do que se pretendia transmitir. Por exemplo, o art. 12 do Decreto Real XII-85 sobre o procedimento para sancionar as infrações tributárias indica, em seu inciso 1º, entre as circunstâncias que agravam as sanções, o "descumprimento de obrigações formais de grande transcendência". Logo após, porém, no inciso 2º, afirma que, "para tais efeitos, consideram-se como obrigações formais de grande transcendência (...) *k*) a não apresentação das declarações tributárias", de forma que a mensagem transmitida é de que quem apresenta declarações tributárias descumpre uma obrigação formal de grande transcendência, e que essa circunstância agrava a sanção em pauta.

Aumentar a racionalidade da legislação em R1 significa, sobretudo, o uso de conhecimentos de linguística, lógica, informática ou psicologia (refiro-me especialmente à psicologia cognitiva, ou seja, ao ramo da psicologia que, entre outras coisas, pesquisa como o raciocínio realmente acontece, o que tem um importante desdobramento prático, na medida em que mostra como se deveria redigir um texto para facilitar sua compreensão, ou seja, para se evitarem erros de inferência).[17] Naturalmente, não é possível mostrar aqui as contribuições concretas que essas disciplinas podem oferecer à racionalização da atividade legislativa no nível R1. Indicarei, simplesmente como exemplo, a técnica de "redação normalizada de textos jurídicos", idealizada por M. E. Allen, e que não se destina apenas à elaboração de leis (de fato, já foi adotada por diversos parlamentos dos Estados Unidos da América), mas também à elaboração de contratos, o que prova, mais uma vez, a dificuldade de se delimitar com precisão o objeto dos estudos da legislação.

O que Allen realmente faz é explorar as possibilidades da lógica proposicional, a fim de evitar as ambiguidades sintáticas (mais precisamente, um tipo ou uma determinada fonte de ambiguidades sintáticas) que podem (e tendem a) aparecer na linguagem jurídica. Além disso, essa técnica oferece a possibilidade de se utilizarem esquemas que permitam uma visão de conjunto do texto por parte do redator ou redatores, ajudando assim também a evitar lacunas, inconsistências etc. As chamadas "ambiguidades sintáticas" (que surgem do caráter muitas vezes impreciso, em linguagens naturais, de conectores tais como "e", "ou", "se... então", "somente", "contudo", "exceto" etc.) são, obviamente, apenas algumas das imprecisões que podem acometer a linguagem jurídica; no entanto (e por isso a importância crucial de eliminá-las, mesmo que as outras permaneçam), são imprecisões geralmente não intencionais, nem tão infrequentes quanto se poderia imaginar. Em essência, Allen segue o esquema condicional típico para representar as normas jurídicas: se... (suportes fáticos), então... (consequência jurídica). Os suportes fáticos podem

---

17 Cf. WASON, P. C.; JOHNSON-LAIRD, P. N. *Psicología del razonamiento*. Trad. de J. del Val. Madri: Debate, 1980.

ser vistos como combinações por meio de conjunções, disjunções etc., de circunstâncias ou propriedades, e o mesmo ocorre com as consequências jurídicas. Por exemplo:

$$> — a — b — c \rightarrow d$$

representa uma norma que estabelece o seguinte: se *a* e *b* e *c* ocorrem (suporte fático), segue-se a consequência jurídica *d*.

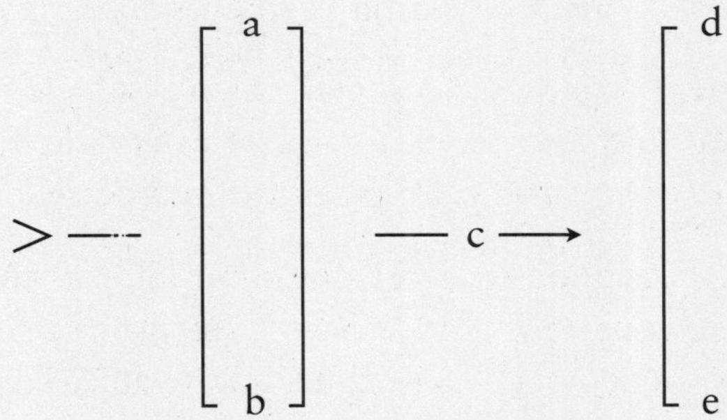

simboliza uma norma que estabelece que, se ocorrem *a* ou *b* e também *c*, então surgirão as consequências jurídicas *d*, *e* etc.[18]

18 Cf. ALLEN, Layman Edward. "Una guida per redattori giuridici di testi normalizzati". *Informatica e Diritto*, vol. V, nº 1, 1979, pp. 61-114; ALLEN, Layman Edward. "Towards a normalized language to clarify the structure of legal discourse". *In*: MARTINO, Antonio A. (Coord.). *Deontic logic, computational linguistics and legal information systems*. Amsterdam: North-Holland, 1982, pp. 349-407.

§ 6 A racionalidade jurídico-formal

No nível da racionalidade jurídico-formal (R2), o editor e o destinatário das leis são os órgãos e indivíduos designados como tais pelo ordenamento jurídico. O sistema jurídico é entendido aqui, precisamente, como um conjunto de normas apropriadamente estabelecidas e estruturadas em um sistema (a noção de ordem jurídica na Teoria do Direito). O fim da atividade legislativa é a sistematicidade, isto é, que as leis formem um todo sem lacunas, contradições ou redundâncias, de modo que o Direito possa ser visto como um mecanismo para prever a conduta humana e suas consequências, ou seja, como um sistema de *segurança*. No entanto, a segurança não é um valor absoluto. A ideia de segurança ou previsibilidade implica, em si mesma, um valor (pois sem um mínimo de segurança não haveria Direito, leis e nem organização social), mas esse valor é qualificável em função daquilo que se assegura; em outras palavras, o valor da segurança remete a outros valores, como liberdade e igualdade.

No nível R2, pode-se dizer que uma lei é irracional se, e na medida em que, contribui para erodir a estrutura do ordenamento jurídico. Isso pode ocorrer seja porque, na produção da nova lei, não se respeitam os critérios estabelecidos pelo ordenamento jurídico do qual ela fará parte, seja porque, mesmo respeitando-os, ela incorre em lacunas e contradições, introduz critérios alheios à "lógica" (aos princípios) do ordenamento, afeta negativamente o Direito já estabelecido (problema das derrogações e remissões), entre outros motivos. Aumentar a racionalidade da atividade legislativa no nível R2 significa melhorar o que normalmente se denomina "técnica jurídica". Uma condição necessária para isso é o desenvolvimento de um conjunto de diretrizes legislativas e o estabelecimento de escritórios técnicos nos parlamentos, ministérios etc., onde essas diretrizes sejam amplificadas. É óbvio que essa ideia de racionalidade e, portanto, essa forma de entender a técnica legislativa, é característica do jurista profissional, entendendo como tal tanto os juristas práticos quanto os teóricos (os cultivadores da dogmática). Entretanto, para seu desenvolvimento é necessário ir além dos conhecimentos característicos da dogmática, não apenas no sentido de que eles deveriam ser adaptados ao contexto da produção das leis, mas também no sentido de que deveriam ser complementados com uma utilização ampla do Direito Comparado (muito mais do que é habitual nos trabalhos característicos da dogmática), da Teoria Geral do Direito (que deve passar por uma grande transformação, como resultado de uma maior orientação para a legislação) ou da lógica jurídica.

A maioria dos estudos sobre legislação produzidos nas últimas duas décadas (e que, seria desnecessário afirmar, são essencialmente obras de juristas)[19] está situada no nível R2, e em parte também no nível R1, na medida em que, como já foi dito, R2 pressupõe R1. Um exemplo desse tipo de abordagem é o livro *La forma de las leyes*, do Grupo de Estudios de Técnica Legislativa (Gretel). Os autores esclarecem que o trabalho trata apenas dos *aspectos formais* da técnica legislativa, ou seja, do "que é comum a qualquer lei se seu objeto e conteúdo específicos forem abstraídos" e ressaltam que deixam para outra ocasião (embora façam uma exceção para questões como a das remissões) "os aspectos mais materiais" da técnica legislativa "como, por exemplo, aqueles relacionados à linguagem jurídica e às ferramentas conceituais que servem para montar qualquer lei e combiná-la adequadamente com o resto do ordenamento jurídico".[20]

Não há, naturalmente, nada a se objetar em relação a tal abordagem, pelo contrário: há muitas coisas a se elogiar nessa obra, que é também "o primeiro livro sobre técnica legislativa escrito na

---

19 Cf. THORNTON, Garth C. *Legislative drafting*. Londres: Butterworth, 1987; KARPEN, Ulrich. "Zum gegenwärtigen Stand der Gesetzgebungslehre in der Bundesrepublik Deutschland". *Zeitschrift für Gesetzgebung*, nº 1, 1986, pp. 5-32.

20 GRUPO DE ESTUDIOS DE TÉCNICA LEGISLATIVA - GRETEL. *La forma de las leyes*: 10 estudios de técnica legislativa. Barcelona: Bosch, 1986, p. 9.

Espanha".[21] Gostaria, no entanto, de fazer aqui algumas observações a seu respeito. A primeira é que o livro sugere, pelo menos em certas passagens, uma noção de técnica legislativa que é muito restrita; em particular – e de certo modo contrastando com o que é indicado na "Introdução" (em que a técnica legislativa é caracterizada como "engenharia social")[22] – , o ponto de vista das ciências sociais (e, em geral, do que não é o saber jurídico tradicional) não está muito presente. A segunda observação é que – em grande medida, devido ao motivo anterior – o tratamento de alguns temas não é capaz de evitar alguns perigos da deformação ideológica a que me referi na seção anterior. Apresentarei um exemplo a respeito dessa última questão.

O Capítulo III, "Preámbulo y disposiciones directivas", argumenta contra a necessidade de que toda lei seja precedida de um preâmbulo, alegando que "o preâmbulo não incorpora à lei nenhum conteúdo normativo que já não esteja contido na própria parte dispositiva".[23] Um pouco mais adiante, afirma-se enfaticamente que o preâmbulo não deve buscar convencer os destinatários da norma, com a seguinte justificativa:

> O legislador que condescende em convencer o destinatário da norma da retidão ou pertinência de seus mandamentos renuncia à obediência quando esse destinatário não se deixa convencer. Assim, ele rebaixa o mandamento – obrigatório em virtude de sua própria existência – ao *status* de conselho, que se torna eficaz apenas na medida de sua capacidade de

21 GRUPO DE ESTUDIOS DE TÉCNICA LEGISLATIVA - GRETEL. *La forma de las leyes*: 10 estudios de técnica legislativa. Barcelona: Bosch, 1986, p. 9.

22 GRUPO DE ESTUDIOS DE TÉCNICA LEGISLATIVA - GRETEL. *La forma de las leyes*: 10 estudios de técnica legislativa. Barcelona: Bosch, 1986, p. 11.

23 GRUPO DE ESTUDIOS DE TÉCNICA LEGISLATIVA - GRETEL. *La forma de las leyes*: 10 estudios de técnica legislativa. Barcelona: Bosch, 1986, p. 81.

> convencimento. Para que o destinatário tenda a obedecer, e não a discutir, a função do legislador deve ser a de mandar, não a de convencer.[24]

Igualmente se observa que qualquer descrição ou exposição de natureza instrutiva também deve ser excluída, indicando como exemplo a ser evitado o caso de uma lei cujo preâmbulo enumera "até 13 espécies de flora e fauna local (local que a lei declara ser uma área natural de interesse nacional), inclusive mencionando seus nomes em latim".[25]

Entretanto, para aqueles, como nós, que são menos entusiastas da obediência ao Direito do que o redator desse capítulo demonstra ser, os preâmbulos podem oferecer, ainda que não um conteúdo normativo a mais, a possibilidade de criticar uma lei mostrando, por exemplo, a existência de uma inadequação entre os objetivos declarados no preâmbulo e o conteúdo normativo da lei; em suma, a questão poderia ser abordada de maneira diferente caso fosse levado em conta que a racionalidade legislativa não termina no nível R2. Por outro lado, também é possível ver de uma forma mais matizada o problema de as leis poderem ou não cumprir uma função pedagógica, caso seja adotada uma perspectiva menos formalista e mais sociológica do que aquela presente nos textos em discussão. No exemplo apresentado, apontar as espécies de flora e fauna existentes pode servir como motivação para o cumprimento da lei, e isso pode ser bastante útil em relação a sujeitos que não estão naturalmente inclinados (isto é, não têm motivos suficientes para tal) a obedecer às leis (incluindo as leis promulgadas em uma democracia). Por que, então, renunciar ao fato de que exposições

---

24 GRUPO DE ESTUDIOS DE TÉCNICA LEGISLATIVA - GRETEL. *La forma de las leyes*: 10 estudios de técnica legislativa. Barcelona: Bosch, 1986, p. 84.

25 GRUPO DE ESTUDIOS DE TÉCNICA LEGISLATIVA - GRETEL. *La forma de las leyes*: 10 estudios de técnica legislativa. Barcelona: Bosch, 1986, p. 85.

simplesmente "instrutivas" possam, em algumas ocasiões, cumprir a função das sanções tradicionais?

§ 7 A racionalidade pragmática

A racionalidade pragmática, como indicado no § 4 (embora essa definição seja matizada mais adiante), consiste na adequação da conduta dos destinatários ao que está prescrito na lei. Aqui, o editor é essencialmente o soberano político, ou seja, aquele que tem o poder para ser obedecido (e não apenas para ditar regras formalmente válidas). Os destinatários são aqueles que prestam obediência (ativa ou passiva); portanto, aqueles para os quais a lei é destinada, mas na medida em que eles adequem (ou não) seu comportamento ao que ali é prescrito. O sistema legal é visto como um conjunto de normas eficazes ou, em outras palavras, como um conjunto de comportamentos, de atos. A finalidade é garantir que as leis sejam obedecidas ou, talvez de modo mais geral, que as leis não sejam apenas declarações linguísticas, mas também "Direito em ação". Mas o valor da obediência ou da implementação prática do Direito também não é um valor absoluto. Pensar dessa forma significaria incorrer em uma deformação de natureza ideológica. E me parece que esse é o caso daqueles que, como Rehbinder, falam de um *ethos* jurídico,[26] ou seja, de um respeito ao ordenamento jurídico tal como ele é, e propõem medidas para despertar nos operadores jurídicos e nos cidadãos comuns sentimentos de adesão mais ou menos incondicional e, assim, garantir uma maior eficácia do Direito.

No nível R3, uma lei é irracional se, e na medida em que fracassa como diretiva, isto é, em seu propósito de influenciar o comportamento humano. De modo geral, o fracasso pode decorrer

26 Cf. FEBBRAJO, Alberto. "Alcune ipotesi sulle condizioni di efficacia del diritto". *Sociologia del Diritto*, nº 1, 1975, pp. 172-180; FEBBRAJO, Alberto. "Sociologia del diritto e prassi giuridica". *Sociologia del Diritto*, nº 2, 1978, pp. 295-316.

de razões subjetivas, isto é, da falta de motivação dos destinatários (por exemplo, por falta de sanções adequadas) ou de fatores objetivos (falta de capacidade financeira, administrativa etc.). As técnicas para reduzir a irracionalidade no nível R3 terão que se originar de disciplinas tais como a Ciência Política, a Psicologia e, principalmente, a Sociologia. Mais adiante se retomará essa questão.

§ 8 A racionalidade teleológica

No nível da racionalidade teleológica, os editores são os portadores de interesses sociais, sejam eles particulares ou gerais, que garantem a tradução desses interesses em leis. Os destinatários das leis não são apenas os indivíduos ou órgãos administrativos aos quais as disposições legais são destinadas, mas também podem ser indivíduos ou grupos não comprometidos com o cumprimento da norma. Por exemplo, os pacientes de um hospital também podem ser considerados destinatários de uma lei de saúde (que vise melhorar sua situação como pacientes), mesmo que essa lei não lhes atribua direitos ou obrigações (por exemplo, uma lei que conceda recursos financeiros aos hospitais). O sistema jurídico é visto como um meio para atingir fins; portanto, não parte da perspectiva do jurista (ou do jurista tradicional), mas da perspectiva do cientista social. A finalidade pode ser a eficiência econômica, o aumento do nível educacional da população, a melhoria das condições de saúde, a redistribuição da riqueza, a redução do desemprego, a preservação de conquistas políticas ou econômicas, entre outras. Naturalmente, o fato de o Direito perseguir certas finalidades sociais não significa que essas finalidades sejam justificáveis em si mesmas. A justificação última dos fins (e isso também se aplica à eficiência econômica, apesar das opiniões de autores como Posner)[27] só pode ser uma justificação ética;

27 Veja-se, em geral, POSNER, Richard A. *The economics of justice*. Cambridge: Harvard University Press, 1983.

a questão aqui não é se o Direito persegue certas finalidades, mas se as finalidades que persegue são realmente as que deve perseguir.

No nível R4, uma lei é irracional se, e na medida em que, não produz efeitos, ou produz efeitos não previstos e que tampouco possam ser considerados desejados ou desejáveis. Para evitar essas situações, será necessário recorrer à Sociologia da Organização; à Análise Econômica do Direito; à Sociologia do Direito; às teorias de implementação, entre outros exemplos. No próximo capítulo, apresentarei um esquema que permitirá ver como funcionam conjuntamente estes dois últimos níveis de racionalidade: R3 e R4.

§ 9 A racionalidade ética

Finalmente, no nível da racionalidade ética, os editores são vistos a partir do ponto de vista dos que estão legitimados, e em quais circunstâncias, para exercer o poder normativo sobre os outros. O problema essencial para os destinatários é, portanto, saber quando existe uma obrigação ética de obedecer às leis. O sistema jurídico é visto aqui como um conjunto de normas ou comportamentos que podem ser avaliados a partir de um determinado sistema ético. Os fins considerados válidos irão, naturalmente, variar de acordo com o sistema ético tomado como referência, embora, abstratamente, seja possível dizer que os fins são a liberdade, a igualdade e a justiça. Os valores éticos, finalmente, são as ideias (organizadas em teorias éticas) que permitem justificar tais fins (por exemplo, a natureza, no caso do jusnaturalismo, a dignidade humana, em uma concepção kantiana, o consenso, em teorias contratualistas ou neocontratualistas).

No nível R5, uma lei é irracional se não estiver justificada eticamente, seja porque tenha sido promulgada por alguém sem legitimidade ética; porque prescreva comportamentos imorais (ou porque não prescreve o que seria moralmente obrigatório prescrever); ou ainda porque persiga fins ilegítimos. No estudo dos problemas da racionalidade ética, o papel principal deve ser cumprido pela Filosofia do Direito, da moral e da política, mas existem muitas outras disciplinas (por exemplo, a Sociologia) que cumprem um papel auxiliar, mas indispensável.

É importante notar que esse nível de racionalidade desempenha uma função mais negativa do que construtiva. A racionalidade ética – ao contrário de outros níveis de racionalidade – não produz nenhuma técnica legislativa específica: não há nenhum procedimento para alcançar a liberdade, a igualdade e a justiça através das leis, fora das técnicas produzidas pela racionalidade R1-R4. O único "instrumento" que a ética tem à sua disposição é o discurso moral, porém, trata-se justamente de um instrumento que se desnaturalizaria caso fosse utilizado para atingir fins (fins perlocucionários) que extrapolassem o próprio discurso.

CAPÍTULO III

RACIONALIDADE LEGISLATIVA E SOCIOLOGIA DO DIREITO

§ 10 Introdução

No capítulo anterior, analisei cada um dos níveis da racionalidade legislativa. Neste capítulo tentarei mostrar qual o papel que a Sociologia do Direito pode cumprir em cada um desses níveis, o que implica dar uma atenção especial à racionalidade pragmática (R3) e à racionalidade teleológica (R4). Isso, naturalmente, não significa que a contribuição da Sociologia do Direito aos estudos jurídicos não seja também importante nos outros níveis. Tal importância é muito clara em relação ao R1, pois a comunicação que se estabelece entre o editor das leis e os destinatários tem lugar, naturalmente, em um contexto social, de modo que somente conhecendo as características desse contexto se pode chegar à comunicação fluente. Por exemplo, pode ser necessário estabelecer, através de análises empírico-sociológicas, quais são os canais apropriados para que uma lei seja conhecida, e determinar que papel podem ter não apenas os meios de comunicação direta (*Diário Oficial* etc.), mas também os meios de comunicação indireta (por exemplo, imprensa, rádio, televisão) e até mesmo meios completamente informais (por exemplo, parentes, amigos).[28] No nível R2, como já mencionado, prescindir da perspectiva sociológica pode levar a resultados insatisfatórios.

Finalmente, no nível R5, a Sociologia do Direito pode mostrar quais são os valores socialmente vigentes em relação à matéria regulada por uma determinada lei (o que não equivale a justificá-la eticamente,[29] mas nem por isso deixa de ter importância), qual é a conexão de um determinado sistema ético com certos interesses materiais, entre outras questões.[30]

§ 11 Eficácia e efeitos sociais das leis

A análise da eficácia e dos efeitos sociais das leis (duas questões eminentemente sociológicas e intimamente conectadas) é extremamente complexa. O esquema a seguir talvez possa dar uma ideia a respeito (ver o quadro na próxima página).

Neste esquema, as linhas pontilhadas separam o nível de racionalidade pragmática (R3) do nível de racionalidade teleológica (R4). Além disso, R4 é uma continuação de R3, mas é possível que uma situação irracional em R3 (por exemplo, [D]) possa ser vista como racional a partir de R4 (seria esse o caso em [19] ou [24]).

O esquema sugere uma ampla gama de possibilidades lógicas, mas é possível que algumas (ou muitas) delas tiveram que ser excluídas por razões empíricas.

---

28 Cf. PANNARALE, Luigi. "Legge e produzione di aspettative". *Sociologia del Diritto*, nº 1, 1983, pp. 95-117, a propósito da lei italiana de emprego juvenil.

29 Cf. PERRIN, J. F. "Les sciences sociales et le droit". *Sociologia del Diritto*, nº 2, 1982, pp. 23-37.

30 Sobre as relações entre a Sociologia e a Filosofia Moral, Cf. GINER, S. "Sociology and moral philosophy". *Revue Internationale de Sociologie International Review of Sociology*, 1987, pp. 47-86.

Por fim, as situações possíveis são apenas tipos ideais, pois, na realidade, raramente acontece que uma norma seja cumprida ou descumprida totalmente, tenha seus efeitos totalmente declarados ou completamente omitidos, entre outras possibilidades.

§ 12 O que fazer diante da irracionalidade pragmática

No nível de racionalidade R3, as situações irracionais seriam (B) e (D), o que significa (esta é a redefinição a que me referi anteriormente) que a irracionalidade em R3 não se identifica simplesmente com o descumprimento das normas pelos destinatários; aqui, irracionalidade significa um descompasso entre o comportamento dos destinatários e os desejos ou intenções (independentemente de sua interpretação) do editor.

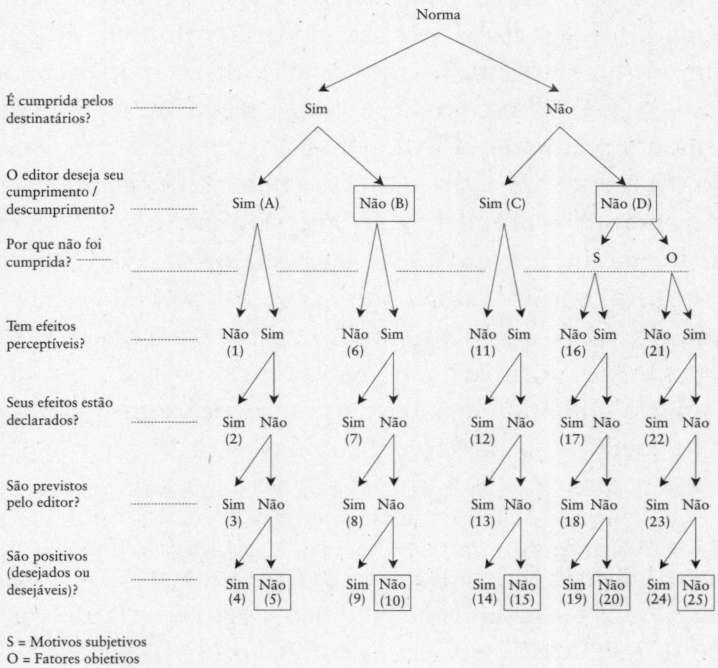

- (B) representa aquelas situações em que uma norma é cumprida pelos destinatários, quando havia sido estabelecida precisamente para não ser cumprida (totalmente ou em parte). Os casos em que as leis são promulgadas para não serem descumpridas são relativamente frequentes e estão ligados ao uso simbólico do Direito. Aqui, o irracional não é o uso simbólico (que poderia ocorrer no nível R5), mas um uso frustrado do Direito.

- (D) representa situações em que as leis não são cumpridas pelos destinatários, embora o editor as tenha estabelecido para serem cumpridas. O descumprimento pode ter origem em dois tipos de fatores distintos. Por um lado, é possível que a lei (os comportamentos prescritos na lei) não tenha sido cumprida por falta de motivação subjetiva dos destinatários. A solução, nesse caso, seria estipular sanções adequadas (positivas e negativas). A importância das sanções positivas, especialmente em relação às normas mais características do Estado de Bem-Estar Social, foi destacada por autores como Bobbio[31] e Aubert.[32] Um argumento interessante a favor de recompensas ou prêmios é que "as recompensas estão frequentemente ligadas à conduta premiada, diferentemente da maioria das penas que, ao contrário, são indiferentes à conduta ilícita em questão".[33] No entanto, o problema das sanções ainda é um tema tratado de forma muito insuficiente na Sociologia e na Teoria do Direito. As teorias tradicionais sobre sanções (incluindo as de autores que, como Bentham, levaram em conta a importância das sanções positivas) têm, entre outras coisas, a limitação de tomar o indivíduo, e não as organizações, como seu ponto de referência, ou seja, são concebidas para um tipo de Direito

---

31 BOBBIO, Norberto. *Dalla struttura alla funzione*: nuovi studi di teoria del diritto. Milão: Edizioni di Comunità, 1977.

32 AUBERT, V. "Sul mutamento giuridico. Delle pene alle ricompense?" *Sociologia del Diritto*, nº 2, 1987, pp. 7-29.

33 AUBERT, V. "Sul mutamento giuridico. Delle pene alle ricompense?" *Sociologia del Diritto*, nº 2, 1987, p. 16.

diferente do atual (como sabemos, na aplicação do Direito, as organizações – burocracias etc. – cumprem um papel relevante atualmente).

Por outro lado (e isso está relacionado com aquilo que recém foi mencionado), o descumprimento das leis pode decorrer de fatores objetivos, tais como a falta de capacidade financeira ou organizativa. Bettini, ao estudar o fenômeno das "leis-manifesto" na Itália, escreveu que aquilo que se entende por sanção nas normas condicionais (ou seja, as normas que estabelecem que, sob determinadas condições, certas condutas devem ou não ser realizadas) é o que vem a ser a cobertura organizativa nas normas de finalidade ou *di scopo* (ou seja, aquelas que indicam objetivos a serem alcançados, como, em geral, é o caso das normas características do Estado de Bem-Estar Social). Por isso, em sua opinião, a ciência do Direito deveria, nesse aspecto, fazer um ajuste de contas, mais do que com a Ciência Econômica, com a Sociologia das Organizações Complexas.[34]

Uma consequência do que foi dito até agora é que, por mais paradoxal que pareça, o não cumprimento das disposições das leis nem sempre é um ato de desobediência ao Direito. E isso não só nos casos em que é impossível cumpri-las, mas também naqueles em que seu cumprimento seria puro ritualismo, ou seja, levaria a consequências distintas das pretendidas pela lei.

§ 13 Casos de irracionalidade teleológica

No nível R4, a noção de irracionalidade torna-se ainda mais complexa. Além das dificuldades presentes nos argumentos que recorrem à intenção ou aos desejos do editor, há, entre outros, o problema de determinar se os efeitos (especialmente no caso do

34 Cf. BETTINI, Romano. "Effettività ed efficacia del diritto nella prospettiva della legittimazione". *Sociologia del Diritto*, nº 1, 1984, pp. 211-227.

descumprimento das leis) são produzidos como consequência da lei ou se têm outras causas, o problema de onde interromper a cadeia de efeitos, e assim por diante. Simplificando muito as coisas, pode-se dizer que os casos de irracionalidade que podem ocorrer no R4 (e que deveriam ser evitados) seriam:

– Casos em que uma lei não tem efeitos perceptíveis e, portanto, apenas contribui para a contaminação legislativa. Aqui, é necessário levar em conta que talvez não haja tantas dessas leis como poderia parecer à primeira vista, se considerarmos não apenas seus efeitos reais, mas também seus efeitos simbólicos. Por outro lado, uma lei com efeitos declarados pode ser irracional no nível R5, mas não no R4. O mesmo se aplica àquelas que têm seus efeitos previstos pelo editor, mesmo que não coincidam com os efeitos declarados.

– Casos (indicados no esquema como [5]) em que o cumprimento da lei (desejado pelo editor) tem efeitos perceptíveis, mas que não são aqueles declarados pelo editor, nem foram previstos por ele, e nem podem, finalmente, ser considerados positivos. Um exemplo disso pode ser uma lei que estabelece um sistema de sanções tributárias muito severo, de forma que aqueles que as aplicam tendem a fixar bases mais baixas de aplicação (sem, contudo, infringir a lei), produzindo como resultado final a diminuição da arrecadação direta (exatamente o efeito contrário ao pretendido).

– Casos (indicados como [10]) em que o cumprimento da lei (não desejado pelo editor) tem efeitos não declarados, não previstos e que também não podem ser considerados positivos. Um exemplo disso seriam as leis que, quando aplicadas, dão origem às chamadas "operações-padrão".

– Casos (indicados como [15]) em que o descumprimento da lei é desejado pelo editor, mas tal descumprimento tem efeitos que não estão declarados, nem previstos, nem são desejados. Um exemplo disso poderia ser uma lei que, por razões puramente ideológicas (isto é, tendo em mente o seu descumprimento), introduz novos direitos para uma categoria de pessoas (por exemplo, um sistema de salário-mínimo para trabalhadores domésticos), sem estabelecer as sanções adequadas; a consequência poderia ser que os trabalhadores deixassem de estar segurados, pois o pagamento do seguro pelos empregadores significaria que eles também teriam que pagar o salário-mínimo estabelecido por lei.

– Casos (indicados como [20]) nos quais o descumprimento da lei por razões subjetivas não é desejado pelo editor e tem efeitos que não estão declarados, nem previstos, e nem são positivos. Um exemplo poderia ser uma lei que estabelece horários de trabalho para funcionários públicos, mas sem estabelecer incentivos para seu cumprimento (sanções positivas) e sem que a Administração Pública tenha a possibilidade de controlar a imposição das sanções negativas estabelecidas. A consequência é que não se consegue enfrentar o absentismo laboral.

– Finalmente, casos (indicados como [25]) em que o descumprimento da lei (desta vez por fatores objetivos) não é desejado pelo editor e tem efeitos não declarados, não previstos e nem positivos. Talvez se pudesse incluir aqui o caso de uma lei para universidades que cria órgãos dirigentes com um número muito elevado de membros, de forma que é descumprida, pois as decisões passam a ser tomadas por órgãos irregulares e totalmente antidemocráticos (quando o que se pretendia era democratizar a vida universitária).

§ 14 Como aumentar a racionalidade teleológica

O problema que se apresenta agora é o que fazer para superar tais situações, ou seja, quais técnicas devem ser usadas para aumentar a racionalidade no nível R4. A resposta, em princípio, parece ser a utilização de conhecimentos das Ciências Sociais (Sociologia, Economia, Ciência Política etc.) para poder controlar o funcionamento das leis, isto é, para garantir que elas atinjam seus objetivos. Desde os anos 70, esse tipo de pesquisa se conhece através do termo "implementação",[35] mas é bem provável que essa abordagem tenha sérias limitações, dada a complexidade de seu objeto e o nível de desenvolvimento das Ciências Sociais.

Este último ponto de vista (o dos limites inerentes às teorias da implementação) tem sido defendido por Teubner, que propôs recentemente uma sugestiva teoria da legislação, centrada no conceito de Direito reflexivo ou Direito autopoiético.[36] Em sua opinião, o fenômeno da legiferação não deve ser entendido apenas no sentido da proliferação do Direito, mas por legiferação devemos entender "um processo no qual o Estado de Bem-Estar Social produz um novo tipo de Direito: o Direito Regulatório".

Em relação às suas funções, o Direito Regulatório pode ser definido como Direito preordenado à exigência de orientar o Estado de Bem-Estar Social e, em termos de sua estrutura, como Direito "de tendência particularista, teleologicamente orientado e fortemente dependente do auxílio das Ciências Sociais".[37] Pois bem, esse autor, seguindo Luhmann, entende a sociedade como um conjunto de sistemas de comunicação organizados de maneira autopoiética,[38]

---

35 Cf. BLANKENBURG, Erhard. "Rechtssoziologie und Rechtswirksamkeitsforschung: Warum es so schwierig ist, die Wirksamkeit von Gesetzen zu erforschen". *In*: SCHRECKENBERGER, Waldemar (Coord.). *Gesetzgebungslehre*: Grundlagen Zugänge Anwendung. Stuttgart: Kohlhammer, 1986, pp. 109-120; BLANKENBURG, Erhard. "La recherche de l'efficacité de la loi. Réflexions sur l' étude de la mise en œuvre (Le concept 'd'implémentation')". *Droit et Société*, nº 2, 1986, pp. 59-76.

36 Cf. TEUBNER, Gunther. "Aspetti, limiti, alternative della legificazione". *Sociologia del Diritto*, vol. 12, nº 1, 1985, pp. 7-30; TEUBNER, Gunther. "Evoluzione giuridica ed autopoiesi". *Sociologia del Diritto*, vol. 13, nº 2/3, 1986, pp. 199-214; FEBBRAJO, Alberto. "Regolazione giuridica e autoregolazione sociale". *Sociologia del Diritto*, nº 2/3, 1986, pp. 145-159.

37 TEUBNER, Gunther. "Aspetti, limiti, alternative della legificazione". *Sociologia del Diritto*, vol. 12, nº 1, 1985, p. 13.

38 Cf. TEUBNER, Gunther. "Evoluzione giuridica ed autopoiesi". *Sociologia del Diritto*, vol. 13, nº 2/3, 1986, p. 202.

ou seja, sistemas que se autorregulam e se autorreproduzem. Os processos legislativos podem ser vistos, por exemplo, como relações complexas entre três sistemas sociais (o Direito, a política e o sistema social regulado juridicamente) capazes de se autorregularem.[39] Mas isso significa que a tentativa de regular juridicamente a sociedade só pode ter sucesso "caso os limites das respectivas esferas não sejam ultrapassados e os limites de autorreprodução de cada esfera sejam respeitados".[40] Se isso não ocorrer, chega-se ao que Teubner denomina "trilema regulatório": ou se produz uma indiferença recíproca entre o Direito e a sociedade, ou a sociedade se desintegra por parte do Direito, ou o Direito se desintegra por parte da sociedade. Segundo Teubner, a solução para escapar deste trilema não pode vir nem das teorias da implementação, e nem de propostas de desregulação (à maneira da de Hayek), mas através do que ele chama de controle da autorregulação, ou seja, a regulação jurídica da autorregulação social, a inserção de momentos reflexivos dentro do Direito.

O que Teubner quer dizer com isso, me parece, pode ser explicado (e, talvez, também banalizado) com um exemplo da vida cotidiana. Considere o problema presente em um supermercado, de garantir que os clientes tenham à disposição carrinhos suficientes para suas compras. Uma maneira de resolver esse problema pode ser regulamentar os locais onde os clientes devem pegar e deixar os carrinhos. E o problema que aparece, então, é que provavelmente os clientes peguem e deixem os carrinhos onde for mais conveniente para eles, portanto, será necessário algum sistema de controle, como, por exemplo, a designação de um funcionário para recolher os carrinhos espalhados em vários locais. Outra alternativa possível seria não fazer nada, ou seja, confiar que os próprios clientes se encarregarão de conseguir os carrinhos de supermercado, caso eles sejam necessários para as compras. E a terceira possibilidade poderia ser a

---

39 TEUBNER, Gunther. "Aspetti, limiti, alternative della legificazione". *Sociologia del Diritto*, vol. 12, nº 1, 1985, p. 16.

40 TEUBNER, Gunther. "Aspetti, limiti, alternative della legificazione". *Sociologia del Diritto*, vol. 12, nº 1, 1985, p. 16.

seguinte: os carrinhos são colocados em determinado local, de onde os clientes podem retirá-los, inserindo uma moeda. Se, após fazer sua compra, o cliente (ou outro cliente, ou mesmo um funcionário) coloca o carrinho de volta no lugar certo, ele recebe a moeda novamente. Naturalmente, essa terceira alternativa – o estabelecimento de um procedimento autorregulador – parece ser a mais racional.

Se, de fato, é isso que Teubner pretende afirmar, parece-me que sua proposta é de grande interesse e também tem uma projeção prática bastante evidente: no Direito, existem, provavelmente, diversas possibilidades para estabelecer sistemas desse tipo. Gostaria, no entanto, de fazer algumas observações sobre essa proposta.

A primeira é que a ideia de Teubner não é exatamente nova. Bentham já havia recomendado uma forma de intervenção jurídica na qual "um corpo de leis forma um grupo, ou melhor, um círculo, em que cada regra sustenta as demais e é sustentada por elas".[41] O próprio Aubert dá como exemplo de sistema jurídico que se retroalimenta o imposto sobre a compra e venda de arte (com o objetivo de fomentar a arte), e estabelece que a própria sociedade de pintores deve distribuir os fundos assim arrecadados. Outro exemplo interessante é o funcionamento do IVA, que não por acaso é considerado um imposto de grande perfeição técnica. Por outro lado, a própria ideia de Direito reflexivo ou autopoiético tampouco é nova. A concepção de Direito em Hart (o próprio Teubner se refere a ela)[42] é, claramente, uma forma de entender o Direito como um sistema que se autorregula e se autorreproduz através de normas secundárias.

A segunda observação é de que é possível que a alternativa sugerida por Teubner tenha, na verdade, um valor bastante limitado. No exemplo do supermercado, a coisa funciona porque se trata,

---

41 Cf. AUBERT, V. "Sul mutamento giuridico. Delle pene alle ricompense?" *Sociologia del Diritto*, nº 2, 1987, p. 19.

42 TEUBNER, Gunther. "Evoluzione giuridica ed autopoiesi". *Sociologia del Diritto*, vol. 13, nº 2/3, 1986, p. 205.

realmente, de uma situação muito simples, na qual não parece haver conflitos de interesses sérios. Mas o que aconteceria em situações complexas e caracterizadas pela existência de grupos sociais com interesses antagônicos? Em tais casos, também deveríamos renunciar à tentativa de modificar a realidade social através do Direito?

Como conclusão, é possível afirmar que existem situações sociais nas quais o que a racionalidade exige é a desregulação ou a introdução de mecanismos de autorregulação (como propõe Teubner). Na maioria dos casos, no entanto, será necessário realizar uma avaliação legislativa, entendida, em sentido amplo, como o conjunto de técnicas destinadas à análise empírica dos efeitos da legislação.[43]

---

43 MADER, Luzius. *L' évaluation législative*: pour une analyse empirique des effets de la législation. Lausanne: Payot, 1985.

CAPÍTULO IV

ESBOÇO DE UMA TEORIA DA LEGISLAÇÃO

§ 15 Recapitulação: uma análise interna da legislação

Nos capítulos anteriores, partimos da consideração do processo de produção de leis – legislação – como uma série de interações que ocorrem entre diferentes elementos: editores, destinatários, sistema jurídico, fins e valores.

Ao mesmo tempo, propus cinco modelos, ideias ou níveis de racionalidade, a partir dos quais a legislação pode ser contemplada:

– Uma racionalidade linguística (R1), em que o emissor (editor) deve ser capaz de transmitir fluentemente uma mensagem (a lei) ao receptor (o destinatário).

– Uma racionalidade jurídico-formal (R2), pois a nova lei deve se inserir harmoniosamente em um sistema jurídico.

– Uma racionalidade pragmática (R3), pois a conduta dos destinatários teria que se adequar ao que está prescrito na lei.

– Uma racionalidade teleológica (R4), pois a lei teria de atingir os fins sociais pretendidos.

– Uma racionalidade ética (R5), pois as condutas prescritas e as finalidades das leis pressupõem valores que teriam de ser suscetíveis de justificação ética.

Um resumo desses níveis é apresentado na tabela a seguir.

	Editores	Destinatários	Sist. Jurídico	Fins	Valores
R1	Emissor	Receptores da mensagem (jurídica)	Conjunto de enunciados (mensagens) e de canais para transmiti-los	Clareza, precisão	Comunicação
R2	Órgão a que se atribui a capacidade de produzir D. legislado.	Indivíduos ou órgãos aos quais as leis são destinadas.	Conjunto de normas (em sentido amplo) apropriadamente estabelecidas.	Sistematicidade: integridade e coerência	Segurança, previsibilidade
R3	Órgão ao qual se presta obediência (soberano)	Burocracia e indivíduos que prestam obediência (súditos)	Conjunto de normas (ou de comportamentos) eficazes	Cumprimento do D. (tradução das normas em ações)	Manutenção da ordem, eficácia
R4	Portadores de interesses sociais (por ex., particulares, grupos de pressão)	Afetados por regulação do interesse ou necessidade social	Conjunto de meios (conhecimento psicológico, sociológico econômico etc.) para alcançar fins sociais	Cumprimento de objetivos sociais, redistribuição da riqueza, aumento ou diminuição da proteção social, redução do desemprego, preservação de vantagens políticas, econômicas etc.	Eficácia social ou efetividade
R5	Autoridade legítima	Obrigados moralmente a obedecer às leis	Conjunto de normas, ações e instituições avaliáveis eticamente	Liberdade, igualdade, justiça	Natureza, dignidade humana, consenso etc.

A análise em questão tinha como objetivo abranger três objetivos distintos. O primeiro era buscar uma unidade, ou pelo menos uma certa articulação, entre saberes tão heterogêneos quanto os que envolvem os estudos sobre legislação. Isso é possível na medida em que os diversos tipos de racionalidade são definidos a partir dos mesmos elementos (embora interpretados de maneira distinta). Por outro lado, R1-R4 partem da mesma noção de racionalidade, em termos de adequação meios-fins (trata-se, portanto, de uma racionalidade instrumental), enquanto R5 (racionalidade ética) seria uma racionalidade de tipo diferente: aqui, não se trata de quais meios são adequados para certos fins, mas quais fins (ou quais meios) estão justificados eticamente.

O segundo objetivo era definir ou especificar o estatuto epistemológico dos estudos sobre a legislação. O esquema indicado demonstra quais técnicas poderiam ser usadas para melhorar a racionalidade legislativa ou para evitar, na medida do possível, que se incorra em irracionalidade. Entretanto, para especificar o estatuto dessas técnicas, seria necessário desenvolver uma análise que também mostrasse como os vários níveis de racionalidade estão articulados entre si. Por outro lado, é importante distinguir entre técnica (ou técnicas) legislativa e teoria (ou teorias) da legislação. Pode-se dizer, grosso modo, que cabe denominar como teorias da legislação aquelas de caráter mais geral, explicativo e básico, enquanto as técnicas legislativas têm um caráter muito mais setorial, não pretendem explicar um fenômeno, mas sim indicar como alcançar certos objetivos a partir de determinados conhecimentos e, consequentemente, utilizam ou aplicam saberes que podem, portanto, ser considerados mais básicos. No esquema, cada tipo de racionalidade pressupõe uma ou várias teorias (científicas ou não). Por exemplo, R1 pressupõe uma teoria da linguagem, da informação etc., e R5 uma (ou várias) teoria(s) da ética, mas isso não implica ainda uma teoria da legislação. Tal teoria deveria proporcionar uma explicação geral do processo da legislação e dos conhecimentos básicos que nutrem as diversas técnicas legislativas. Tal teoria parece ainda não estar elaborada, embora já existam explicações parciais da legislação que servem como um certo guia (ainda muito precário) para a técnica e o trabalho da legislação.

E o terceiro objetivo era evitar um uso ideológico, uma supervalorização da teoria e da técnica da legislação, o que levasse não à solução dos problemas, mas ao seu encobrimento. O risco de tal uso ideológico deriva sobretudo, em minha opinião, do fato de que esse tipo de estudo é uma consequência direta da crise do Estado de Bem-Estar Social, em uma de suas facetas: a crise da legislação; é possível afirmar, inclusive, que a técnica legislativa surge da necessidade de dar uma resposta prática à crise, e a teoria da legislação, da necessidade de encontrar uma explicação para o fenômeno.

A fim de se evitar tal uso ideológico, poderíamos considerar o seguinte. Em primeiro lugar, que, como vimos, o processo legislativo envolve várias noções de racionalidade que caminham em diferentes sentidos; não só não é fácil, mas talvez seja impossível satisfazer ao mesmo tempo (e, às vezes, nem mesmo separadamente) as exigências colocadas por essas várias noções de racionalidade. Mas se assim for, parece uma prova de que crise da legislação não é apenas uma crise de "crescimento", que pode ser corrigida simplesmente pela melhoria da qualidade técnica das leis. A técnica legislativa é mais uma forma de eludir e fazer frente à crise com alguma dignidade do que uma maneira de a superar. Uma das razões para isso é que os limites da racionalidade não são apenas cognoscitivos (e é claro que existem limites desse tipo em relação à legislação), mas também materiais e ideológicos (é realmente do interesse de todos os grupos sociais superar essa crise e, por exemplo, garantir que os objetivos expressos nas leis sejam realmente cumpridos)? Em segundo lugar, pode ser que o Direito não seja devidamente compreendido se for reduzido ao Direito estatal, ou seja, ao Direito legislado. A teoria da legislação teria, portanto, que ser confrontada, ou talvez enriquecida, com a tese do pluralismo jurídico que, como sabemos,[44]

44 Cfr., por exemplo, ARNAUD, André-Jean. *Critique de la raison juridique*. Paris: LGDJ, 1981; SANTOS, Boaventura de Sousa. "On

nega – agora e antes – a identificação entre Direito e Direito estatal. Não seremos capazes de entender corretamente o que é legislação, ou em que consiste a crise da legislação, enquanto não compreendermos corretamente o que é o Direito em seu conjunto. E temos realmente uma teoria que proporcione uma explicação aceitável para o Direito contemporâneo sem simplificar excessivamente essa realidade tão complexa?

§ 16 Análise externa da legislação

Os objetivos enunciados não podem ser plenamente alcançados permanecendo nos marcos de uma análise de caráter interno – tal como realizada até agora – ou seja, mostrando como cada modelo ou ideia de racionalidade constrói de uma determinada maneira os elementos da atividade legislativa, permite distinguir certas disciplinas que desempenham um papel orientador de outras que têm um caráter meramente auxiliar, define uma noção de racionalidade e sugere quais técnicas utilizar para aumentar a racionalidade. É necessário avançar para uma análise de caráter externo, em que talvez seja necessário diferenciar dois níveis ou fases. O primeiro seria um nível de análise predominantemente estático, na medida em que tentaria mostrar como os vários tipos de racionalidade R1-R5 se relacionam entre si (mas de forma abstrata, desconsiderando o processo *real* da legislação). O segundo consistiria em uma análise dinâmica, na medida em que trataria de ver como essas noções de racionalidade poderiam ser combinadas para dar conta do processo real da legislação.

§ 17 Estática legislativa

O nível de racionalidade R1, em que ainda cabe distinguir dois aspectos, dependendo se a ênfase é posta sobre o canal ou sobre o

---

modes of production of law and social power". *International Journal of Sociology of Law*, nº 13, 1985, pp. 299-336.

conteúdo da informação, é provavelmente o nível de racionalidade que suscita menos problemas em sua relação com os outros. O motivo é que, embora, por um lado, ele possa ser considerado o nível mais básico de racionalidade e esteja pressuposto em todos os demais níveis (o mínimo que se pode exigir de uma lei é que ela contenha afirmações linguísticas compreensíveis; sem isso, seria inútil considerar sua sistematicidade, sua eficácia etc.), por outro lado, trata-se, também, de uma noção de racionalidade que apresenta certas exigências que, em caso de conflito, devem ser claramente subordinadas àquelas derivadas de outras noções de racionalidade. Tal conflito parece não ocorrer em relação a R2, pois os respectivos fins de precisão e de sistematicidade não só são compatíveis como parecem exigir-se mutuamente: de acordo com isso, não é possível que surja uma situação em que se tenha que optar pela precisão ou pela sistematicidade de uma determinada lei; ou seja, uma lei nunca perde sistematicidade pelo fato de seu nível de clareza e precisão linguística aumentarem (ou, pelo menos, não há razão para que seja assim), e vice-versa. Por outro lado, é óbvio que uma lei pode ser altamente racional do ponto de vista linguístico, mas não do ponto de vista jurídico-formal (o que prova se tratar de duas noções distintas de racionalidade), embora o oposto não seja possível: uma lei racional no sentido jurídico-formal é também – pelo menos em um grau considerável – uma lei linguisticamente racional.

O que faz com que R1 possa entrar em conflito com R3 e/ou R4 é a existência de legislação simbólica, isto é, de leis feitas para não serem cumpridas ou para não produzirem os efeitos declarados. Nessas hipóteses, as leis tendem a ser intencionalmente confusas e imprecisas, o que significa que a racionalidade linguística está subordinada à racionalidade pragmática e à teleológica: as confusões linguísticas (isto é, a irracionalidade linguística) podem ser um meio para se alcançar a racionalidade pragmática ou teleológica.

Algo semelhante poderia ser dito em relação à racionalidade axiológica. Obviamente, uma lei pode ser racional no nível R1, mas não no R5, e também pode acontecer (ainda que, certamente, de forma excepcional) que os objetivos de liberdade, igualdade e justiça entrem em conflito com os de clareza e precisão; isso é o que poderia acontecer, por exemplo, quando se permite uma ampla margem de discricionariedade ao órgão executor – a fim de que ele possa exercer sua equidade – e se recorre, para tal, a padrões ou princípios que, naturalmente, só podem ser formulados de uma forma linguisticamente imprecisa.

A racionalidade jurídico-formal (em que, por sua vez, podem-se identificar diversos níveis, dependendo de como se enxergue a sistematicidade: como adequação da forma e estrutura das leis – poderíamos chamá-la, talvez, de sistematicidade sintática – ou, caso entremos no conteúdo das leis, compatibilidade da nova lei com as anteriores, a fim de alcançar a integridade e coerência do ordenamento) implica relações mais complexas com os outros níveis de racionalidade. R2 e R3, por exemplo, parecem ter uma relação de independência mútua bastante evidente: não apenas uma lei pode ser altamente racional no nível R2 sem ser racional no nível R3, mas também é possível que uma lei que alcance um alto grau de cumprimento seja altamente imperfeita do ponto de vista de sua sistemática. De qualquer modo, talvez se possa dizer que a sistematicidade de uma lei facilita de alguma maneira sua eficácia, embora, obviamente, o fator decisivo para que uma lei seja cumprida não é o seu grau de sistematicidade.

Entre R2 e R4, as relações podem ser descritas, inclusive, como antagônicas. Luhmann demonstrou que, diante do modelo tradicional de dogmática (orientada para o passado, para as normas), um novo tipo de dogmática orientada para o futuro, para as consequências, tem se instaurado nos últimos tempos, fato que, em sua opinião, ameaça seriamente a própria sobrevivência da dogmática;[45] uma razão importante para isso é que a orientação para as consequências significa uma ameaça à segurança jurídica, uma vez que o futuro é

---

45 LUHMANN, Niklas. *Rechtssystem und Rechtsdogmatik*. Stuttgart: Kohlhammer, 1974.

muito mais complexo do que o passado e, portanto, também mais incerto. Luhmann também aponta que, com a positivação do Direito (isto é, o momento na evolução do Direito em que as normas entram em vigor e são alteradas mediante decisões, o que significa que elas deixam de ser consideradas imutáveis), ocorre uma diferenciação funcional entre os procedimentos para reagir normativamente às expectativas não realizadas (jurisdição) e os procedimentos para aprender (momento cognoscitivo) a partir das expectativas não realizadas (legislação).[46] Mas me parece que sua contraposição entre racionalidade orientada para o *input* (racionalidade normativa) e a racionalidade orientada para o *output* (racionalidade das consequências ou cognoscitiva) também está presente dentro da própria legislação. A racionalidade R2 é basicamente a racionalidade da dogmática – da dogmática tradicional, se preferirem – de maneira que, por exemplo, não parece haver uma grande distância entre as técnicas que podem ser utilizadas para preencher lacunas ou resolver contradições, uma vez que elas surjam, e aquelas que deveriam ser utilizadas para evitar que elas surjam.[47] E a racionalidade R4 seria também a racionalidade com que o jurista – digamos, o jurista dogmático não tradicional: o jurista realista ou de orientação sociológica, por exemplo – atua, o qual considera o Direito como um meio para atingir certos fins, e seu trabalho como semelhante ao do cientista ou técnico social que manipula as normas para alcançar determinados objetivos.

O contraste entre a racionalidade jurídico-formal e a racionalidade teleológica também poderia, seguramente, ser demonstrado de forma empírica nos trabalhos de elaboração – incluindo a redação – das leis, em que, cada vez mais, economistas e outros cientistas sociais participam, suplantando o jurista de formação clássica. Esse

---

46 LUHMANN, Niklas. *Rechtssoziologie*. Reinbek bei Hamburg: Rowohlt, 1972.

47 Cf. GUASTINI, Riccardo. "Produzione di norme a mezzo di norme. Un contributo all'analisi del ragionamento giuridico". *Informatica e Diritto*, nº 1, 1985, pp. 7-31.

processo tem sido acompanhado por uma perda de sistematicidade e coerência das leis, o que nem sempre tem levado a um aumento de sua efetividade, pela simples razão de que aqueles que aplicam o Direito – de cujas decisões depende a eficácia social das leis – continuam sendo basicamente juristas que orientam seu trabalho de acordo com uma racionalidade jurídico-formal. Os cientistas ou técnicos sociais tendem a considerar a racionalidade jurídico-formal não mais como um meio à disposição, mas sim como um obstáculo à racionalidade teleológica; isso pode, de toda maneira, ser motivado por questões empíricas e contingentes (por exemplo, sua falta de formação jurídica), mas não prejudica as questões mais fundamentais. Por outro lado, tem sido afirmado, e com razão,[48] que, enquanto em uma sociedade liberal prevalece (na legislação) o imperativo de coerência, em uma sociedade pós-industrial predomina o valor da eficácia (entendida como eficácia social ou efetividade, ou seja, como a consecução de certos objetivos sociais).

A contraposição clássica entre segurança e justiça não é outra coisa senão a contraposição entre a racionalidade jurídico-formal e a ética. Aqui, limito-me a indicar que a dialética em questão não é apenas aquela que se apresenta no campo da aplicação (e interpretação) do Direito, ou entre a aplicação do Direito (regida pela segurança jurídica) e sua produção (regida pela justiça), mas que tal contraposição também ocorre dentro da legislação, da produção do Direito: a sistematicidade de uma lei faz dela um mecanismo de previsibilidade, de segurança, mas não garante a liberdade, a igualdade e a justiça (em qualquer forma em que elas possam ser entendidas). Algo bastante trivial, mas que o jurista tradicional geralmente esquece.

As implicações mútuas entre a racionalidade pragmática (R3) e a racionalidade teleológica (R4) – discutida com algum detalhe

---

48 OST *apud* FRÄNDBERG, Åke. "The utility of legal theory for lawmaking". *In*: AARNIO, Aulis; HOECKE, Mark van (Coord.). *On the utility of legal theory*. Tampere: A-Tieto Oy, 1985, p. 89.

no capítulo anterior – são óbvias, mas R4 não é simplesmente uma continuidade, um algo a mais, em relação a R3. Obviamente, uma lei racional do ponto de vista pragmático pode não ser racional no nível teleológico (o cumprimento de uma lei não garante que seus objetivos sociais sejam alcançados), mas também é possível que uma lei irracional no nível R3 (que é cumprida quando foi promulgada para não ser cumprida, ou não é cumprida quando foi promulgada para ser cumprida) seja racional no nível R4, na medida em que pode acabar produzindo os efeitos previstos pelo editor ou, em todo caso, efeitos que possam ser considerados desejáveis. Estas últimas hipóteses são, no entanto, excepcionais.

O mesmo não acontece entre R3 ou R4, de um lado, e R5, de outro. O cumprimento do Direito e/ou a realização de objetivos sociais estabelecidos é uma questão independente de sua justificação moral. É a distinção entre técnica e ética, entre racionalidade instrumental e racionalidade dos fins. Portanto, como já mencionado, o R5 – ao contrário dos outros níveis de racionalidade – não produz nenhuma técnica legislativa: não há nenhum procedimento específico para se alcançar liberdade, igualdade e justiça através das leis, fora das técnicas produzidas pelas racionalidades R1-R4. O problema que se apresenta em R5 é mostrar quais valores ou qual teoria ética permite uma interpretação mais adequada dos fins jurídicos fundamentais (liberdade, igualdade, justiça). Além do mais, a concepção de ética escolhida determina o uso das técnicas legislativas e o desenvolvimento do próprio processo da legislação, na medida em que a ética estabelece os limites (positivos e, acima de tudo, negativos) de seu funcionamento.

§ 18 Dinâmica legislativa

Levar a cabo o que denominei como uma análise dinâmica de caráter externo do processo legislativo é certamente um dos objetivos centrais dos estudos sobre legislação, mas é também uma tarefa que carrega grandes dificuldades.

Em um trabalho de ampla repercussão, Karpen oferece uma sistematização dos estudos sobre a legislação na República Federal da Alemanha, que ele agrupa em cinco seções: *a*) a teoria da legislação (conceito, evolução e análise comparativa das leis); *b*) a analítica da legislação (a lei como fonte do Direito); *c*) a tática da legislação (procedimento externo da legislação, ou seja, estudos sobre os órgãos e o procedimento de elaboração de leis); *d*) a metódica da legislação (procedimento interno da legislação: conteúdo, fins e meios das leis); *e*) a técnica da legislação (articulação, configuração e linguagem das leis).[49] Pois bem, partindo desse esquema, pode-se dizer que, do ponto de vista da metodologia da legislação, o processo da legislação é considerado um processo de decisão, de forma que é possível formular modelos da legislação (digamos, modelos de legislador racional) seguindo, mais ou menos explicitamente, aqueles elaborados pela teoria da decisão racional. Dois exemplos significativos são os modelos de Noll[50] e de Wróblewski,[51] que Van der Velden reconstrói da forma mostrada a seguir.[52]

---

49 KARPEN, Ulrich. "Zum gegenwärtigen Stand der Gesetzgebungslehre in der Bundesrepublik Deutschland". *Zeitschrift für Gesetzgebung*, 1986, nº 1, pp. 5-32.

50 NOLL, Peter. *Gesetzgebungslehre*. Hamburgo: Rowohlt, 1973.

51 WRÓBLEWSKI, Jerzy. "A model of rational law-making". *ARSP*, vol. LXV, nº 2, 1979, pp. 187-201; cf., também, WRÓBLEWSKI, Jerzy. "Rational law-maker and interpretative choices". *RIFD*, vol. LXII, nº 1, 1985, pp. 129-147; WRÓBLEWSKI, Jerzy. "The rational law-maker. General theory and socialist experience". *In*: GIULIANI, Alessandro; PICARDI, Nicola (Coord.). *L'educazione giuridica*. V Modelli di legislatori e Scienza della legislazione. tomo III. Perugia: Scientifiche Italiane, 1987, pp. 49-77.

52 VAN DER VELDEN, Willem. "Methodologies of legislation". *In*: AARNIO, Aulis; HOECKE, Mark van (Coord.). *On the utility of legal theory*. Tampere: A-Tieto Oy, 1985, pp. 149-168.

MODELO DE NOLL

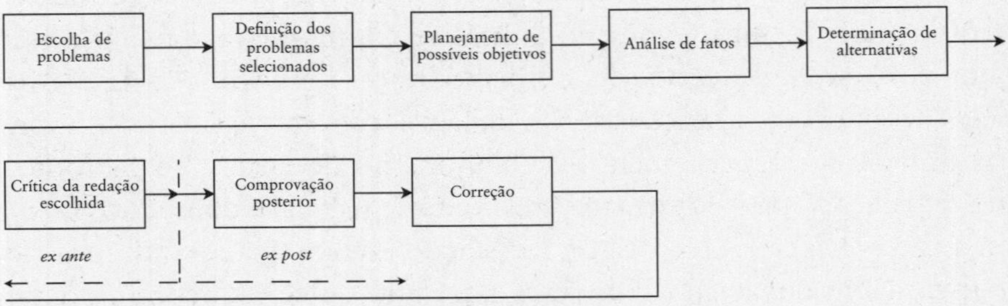

MODELO DE WRÓBLEWSKI

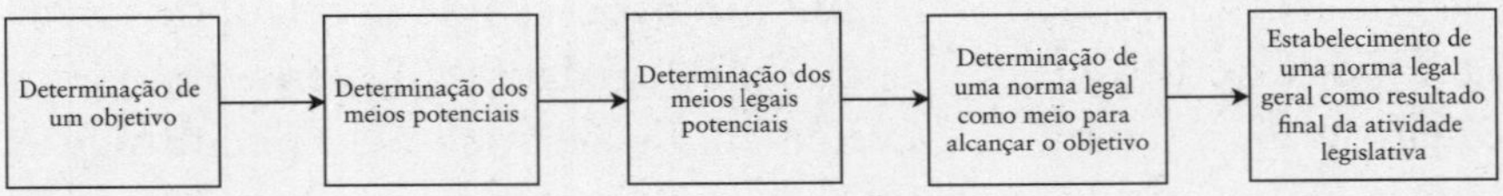

Van der Velden prefere o modelo de Noll ao de Wróblewski, basicamente porque este último só considera o processo da legislação *ex ante*, enquanto Noll o considera *ex ante* e *ex post*, e porque o modelo de Wróblewski é linear enquanto o de Noll é circular. No entanto, ele dirige a ambos os modelos diversas críticas: eles não indicam a ordem temporal das ações; baseiam-se em exemplos primitivos de modelos de tomada de decisão; partem de uma série de pressupostos inadmissíveis (em ambos os casos, o ponto de partida é o legislador; assume-se que, no processo da legislação, apenas uma lei é produzida a cada vez; a figura do legislador é vista como monolítica, e o contexto do processo da legislação é desconsiderado).

Creio que ao menos algumas dessas críticas são superadas pelo modelo de análise interdisciplinar do *iter* legislativo proposto por Losano.[53] Seu esquema, de acordo com o próprio Losano, seria como o apresentado a seguir.

53 LOSANO, Mario. "Analisi empirica delle procedure giuridiche". *In*: SCARPELLI, Uberto; TOMEO, Vincenzo. (Coord.). *Società, norme*

Em relação a Losano, poderíamos, no entanto, criticar o seguinte: seu modelo não faz distinção entre o que poderia ser chamado de fase pré-legislativa e fase legislativa propriamente dita; ele ignora a fase pós-legislativa; o modelo não é, portanto, circular, ou é insuficientemente circular; ele pressupõe (como os dois modelos anteriores) uma noção puramente instrumental de racionalidade: objetivos ou necessidades aparecem como elementos dados e que estão além de qualquer controle racional.

Por outro lado, o esquema seguinte ao de Losano pode ser considerado como uma reelaboração de ideias que estão presentes em todos ou em alguns dos três modelos indicados, procurando evitar os inconvenientes apontados acima. Este último propósito, no entanto, é apenas parcialmente alcançado, na medida em que o modelo continua atravessado por um grau considerável – e diria também inevitável, pelo menos por enquanto – de imprecisão. Por outro lado, ele é o resultado da perspectiva de análise baseada nos cinco modelos de racionalidade examinados anteriormente.

---

e valori: studi in onore di Renato Treves. Milão: Giuffrè, 1984, pp. 357-381.

ANÁLISE INTERDISCIPLINAR DO *ITER* LEGISLATIVO

Fase do *iter* legislativo	**Técnica prevalecente**	**Resultado imediato**
Individualização de necessidades sociais e serem reguladas juridicamente.	Sociologia	Medidas para satisfazer a necessidade individualizada; especificação dos efeitos relacionados, mas nem sempre evidentes.
Recepção política das necessidades individualizadas (partidos, grupos de pressão, movimentos espontâneos); preparação dos artigos.	Sociologia	Inclusão da necessidade e das medidas para atendê-la em um programa de partido ou movimento; início do controle com técnicas de implementação.
Controle sobre a formulação dos artigos; transformação em projeto de lei.	Legística	Formulação linguística correta da norma e estruturalmente correta do procedimento.
Discussão do projeto de lei diante do órgão legislativos; emendas ao texto.	Direito	Emendas na câmara controladas sobre o diagrama de blocos do projeto de lei.
Depois da aprovação formal do projeto de lei, novo controle sobre sua formulação e estrutura.	Legística	Reformulação correta da norma e do procedimento, levando em conta as emendas na câmara.
Promulgação do texto legislativo; inclusão no *Diário Oficial* e no banco de dados automatizado; automatização eventual do procedimento aprovado.	Informática	*a*) Transferência de dados legislativos para o sistema de *information retrieval*; *b*) Fornecimento de recursos de TI e organizacionais para automatizar o procedimento aprovado.

FASES	PRÉ-LEGISLATIVA	LEGISLATIVA	PÓS-LEGISLATIVA
Início	Proposição do problema social	Recepção ou proposição de um problema por um órgão legislativo	Entrada em vigor de uma lei
Operações intermediárias	Análise do problema ↓ Determinação de objetivos ↓ Proposta de meios legais ou não legais para alcançar um objetivo ↓ Justificação ética do objetivo e dos meios	Análise do problema ↓ Determinação dos objetivos ↓ Proposta dos meios legais (conteúdo da lei) ↓ Justificação ética de objetivos e meios ↓ Análise linguística / Análise sistemática / Análise pragmática ↓ Redação do texto articulado Realização das operações de acordo com sua regulamentação jurídica (na medida em que estejam regulamentadas)	Avaliação da adequação da lei em suas dimensões: Linguística Sistemática Pragmática Teleológica Ética
Fim	Proposta de uma solução legislativa	Promulgação de uma lei	Propostas de modificação da lei
Conhecimentos e técnicas utilizáveis para controlar a racionalidade	Método científico, conhecimento objetivo disponível, critérios e regras da argumentação prática racional	Controle de legalidade, diretrizes legislativas, checklisten, técnicas de implementação, técnicas reticulares, análise de custo-benefício, técnicas de redação de documentos, dogmática e teoria do Direito.	Estudo sobre impacto das normas jurídicas, técnicas de implementação, dogmática jurídica, pesquisas KOL, checklisten
Níveis de racionalidade implicados preferencialmente	R4 e R5	R1 - R5	R2, R3 e R4

No esquema mencionado, parte-se de três fases: a pré-legislativa, a legislativa e a pós-legislativa, que estão inter-relacionadas. Por exemplo, a discussão nos meios de comunicação sobre a descriminalização do aborto ou das drogas pode não apenas fazer com que surjam iniciativas legislativas em uma determinada direção, mas a aplicação das leis em questão – incluindo o exame de sua adequação, de acordo com os cinco modelos de racionalidade apontados – também será parcialmente determinada por aquela discussão (na medida, por exemplo, em que se produza um certo estado de opinião, ou o surgimento de certas expectativas, entre outras possibilidades). Por sua vez, as experiências que emergem a partir da aplicação da lei fazem surgir novos problemas sociais, revelam aspectos do problema que antes passavam despercebidos, e assim por diante.

É importante esclarecer, também, que em qualquer processo legislativo há uma fase legislativa (que será, dependendo do caso, mais ou menos complexa); a fase pós-legislativa pode ser irrelevante; e a fase pré-legislativa pode não existir, pois uma lei (no sentido amplo do termo, que também inclui decretos, ordens etc.) pode regular questões técnicas não discutidas extralegislativamente, mas que surgem dentro de um órgão jurídico (como em um gabinete ministerial, por exemplo).

Cada uma das três fases está delimitada por dois extremos que marcam o início e o fim do processo, representado no diagrama por uma série de operações intermediárias. Tal processo é circular, uma vez que o resultado de uma operação subsequente pode repercutir sobre uma anterior. No caso da fase legislativa, foi feita uma distinção entre as operações que determinam o que Karpen chamou de procedimento interno (a metódica da legislação) e procedimento externo (a tática da legislação). De certo modo, a distinção não pode ocorrer na fase pré-legislativa (pois, na medida em que tais operações fossem regulamentadas juridicamente, seria necessário falar de uma fase legislativa), embora aqui seja possível distinguir entre o procedimento real e o procedimento racional que leva à proposta de uma solução legislativa específica. Ao contrário, as operações que integram a fase pós-legislativa poderiam ser (e, até certo ponto, já começam a ser, pelo menos parcialmente) regulamentadas juridicamente, mas aqui a distinção em questão não parece ser (ou ainda não é) significativa.

No entanto, esta última distinção (da qual não se pode prescindir) levanta o problema da dificuldade, se não da impossibilidade, de integrar os dois procedimentos em um mesmo modelo. O motivo é que um modelo de procedimento externo – ou seja, do *iter* legislativo – tem um caráter descritivo (e aqui, por sua vez, caberia diferenciar um modelo que descreve os vários momentos, tais como aparecem regulados juridicamente, daquele que descreve como eles realmente ocorrem na prática legislativa),[54] enquanto os modelos de procedi-

---

54 Losano tem buscado, precisamente, uma integração entre ambos os aspectos [LOSANO, Mario. "Analisi empirica delle procedure giuridiche". *In*: SCARPELLI, Uberto; TOMEO, Vincenzo. (Coord.).

mento interno possuem um caráter prescritivo e mostram como se deveria proceder para tomar uma decisão racional que consiste na promulgação de uma lei. Isso não quer dizer, naturalmente, que não haja pontos de contato entre ambos; mas seria um exagero supor que o *iter* legislativo seja simplesmente a realização de um modelo racional de tomada de decisão. Tal dificuldade está provavelmente relacionada a alguns dos inconvenientes que os modelos anteriores apresentavam.

Uma última observação, talvez desnecessária, é que o modelo em questão, dado seu caráter genérico e indeterminado, pretende ter um valor puramente didático, embora talvez também possa ser visto como um ponto de partida para a construção de modelos mais operativos.

§19 Perspectivas da teoria da legislação

Com base nas considerações anteriores, levantarei agora uma série de pontos, não com o intuito de oferecer conclusões ou algo do tipo, mas apenas questões ou problemas que poderiam ser objeto de pesquisas futuras.

Uma teoria da legislação deve ser compreendida, obviamente, como parte de uma Teoria do Direito, e essa, por sua vez, no contexto de uma teoria da sociedade. Aqueles que se debruçam sobre a técnica legislativa frequentemente lamentam a falta de uma autêntica teoria da legislação que possa proporcionar um marco adequado para sua tarefa.[55] Tal carência é, sem dúvida, verdadeira, mas, talvez, possa ser estendida às outras duas áreas identificadas. Com isso, quero afirmar que precisaríamos de uma Teoria "Geral" do Direito que olhasse não apenas para baixo (ou seja, para teorias menos gerais, como a teoria da legislação ou da aplicação, as diferentes teorias dogmáticas

Società, norme e valori: studi in onore di Renato Treves. Milão: Giuffrè, 1984, pp. 357-381].

55 Cf. GRUPO DE ESTUDIOS DE TÉCNICA LEGISLATIVA - GRETEL. *La forma de las leyes*: 10 estudios de técnica legislativa. Barcelona: Bosch, 1986, p. 23.

etc.), mas também para cima (para a teoria da sociedade) e, inclusive, para os lados (para a teoria política e a teoria moral). Uma maneira de comprovar a adequação das teses do novo pluralismo jurídico (por exemplo, na perspectiva defendida por Santos)[56] é ver se ela realmente facilita essa conexão entre os vários níveis sugeridos e, em caso afirmativo, se essa vantagem serve para compensar outras (supostas) desvantagens da teoria, como, por exemplo, a indefinição do conceito de Direito que ela carrega consigo.[57]

A Sociologia do Direito ocupa, sem dúvida, um lugar importante no desenvolvimento dos estudos sobre a legislação;[58] em particular, obviamente, no que diz respeito aos níveis de racionalidade R3 e R4.

Isso não significa, no entanto, que sua situação seja fácil. De fato, se considerarmos a sociologia jurídica legislativa a partir da vertente da técnica legislativa (ela seria um aspecto das técnicas de implementação), então, o problema que aparece é a lacuna entre o desenvolvimento do conhecimento social (neste caso, o conhecimento sociojurídico) e a complexidade do mundo social; isso faz das técnicas em questão, como vários autores têm apontado,[59] ferramentas não

---

56 Cf. SANTOS, Boaventura de Sousa. "O Estado e o Direito na transição pós-moderna: para um novo senso comum jurídico". *Tercer congreso de la federación de asociaciones de sociología del estado español, Anais*. San Sebastián, set./out. 1989.

57 Cf. ATIENZA, Manuel. "Un filósofo del Derecho francés: André J. Arnaud". *Cuadernos de la Facultad de Derecho*, vol. 2, 1982, pp. 119-132, a propósito, nesse caso, da tese deste autor.

58 Cf. TOMASIC, Roman. *The sociology of law*. Londres/Beverly Hills/Nova Deli: Sage Publications International Sociological Association, 1985, que aponta o caráter recente deste tipo de estudos sociológico-jurídicos.

59 Por exemplo, TEUBNER, Gunther. "Aspetti, limiti, alternative della legificazione". *Sociologia del Diritto*, vol. 12, nº 1, 1985, pp. 7-30; TEUBNER, Gunther. "Evoluzione giuridica ed autopoiesi". *Sociologia del Diritto*, vol. 13, nº 2/3, 1986, pp. 199-214; BLANKENBURG, Erhard. "La recherche de l'efficacité de la loi. Réflexions sur l' étude de la mise en œuvre (Le concept 'd'implémentation')". *Droit et Société*, nº 2, 1986, pp. 59-76.

muito potentes. Se, ao contrário, a Sociologia do Direito é considerada a partir da vertente da teoria da legislação, a situação também não é muito animadora. Por um lado, encontramos teorias de alcance muito geral, como a de Teubner,[60] cuja deficiência mais notória talvez seja sua inclinação conservadora: se a legislação é vista como o resultado da autorreprodução do Direito, torna-se difícil, a partir desse ponto de vista, compreender – e muito menos promover – a função de transformação social do Direito. Por outro lado, podem-se mencionar teorias com um alcance muito mais restrito e que, por esse motivo, evitam o risco de arbitrariedade presente em qualquer tentativa de generalização, porém à custa de explicar e prever muito pouco. Um exemplo deste último tipo de teorias é um interessante trabalho de La Spina,[61] o qual, para determinar as correlações entre certas situações sociais e decisões legais específicas (esse é o nível de análise escolhido por ele), toma como ponto de partida a tipologia das medidas legislativas de J. O. Wilson, que classifica os benefícios e custos que elas acarretam de acordo com seu caráter concentrado ou difuso. Porém, o que se consegue explicar e prever é muito pouco ou muito óbvio; basicamente, que em uma democracia representativa há uma tendência a se apresentarem e aprovarem projetos de lei que envolvem benefícios concentrados e custos difusos. Em suma, a situação da sociologia jurídica legislativa não é fácil, mas também não se deve pensar que ela está diante de um dilema ou algo parecido; não se trata disso, simplesmente porque não há razão para ter que escolher apenas uma daquelas alternativas, enquanto há muitas razões para escolher todas elas, ou seja, para desenvolver a sociologia jurídica legislativa naquelas duas (ou três) direções. Novamente, o problema será, então, como coordená-las entre si e com as outras

60 Cf. TEUBNER, Gunther. "Aspetti, limiti, alternative della legificazione". *Sociologia del Diritto*, vol. 12, nº 1, 1985, pp. 7-30; TEUBNER, Gunther. "Evoluzione giuridica ed autopoiesi". *Sociologia del Diritto*, vol. 13, nº 2/3, 1986, pp. 199-214.

61 LA SPINA, Antonio. "I costi della decisione. Per una sociologia dell'attività legislativa". *Sociologia del Diritto*, nº 3, 1987, pp. 49-77.

dimensões da teoria e da técnica da legislação. Mas esse é um dos objetivos que a diferenciação dos cinco modelos de racionalidade legislativa a que me referi no início deveria contemplar.

Nos modelos de Noll, Wróblewski e Losano, aos quais me referi anteriormente, a racionalidade legislativa aparece exclusivamente como uma racionalidade de caráter instrumental; em outras palavras, a racionalidade ética (R5) não figura entre eles ou, talvez mais precisamente, aparece apenas como mais um dado a ser considerado (isto é, como um conjunto de opiniões sobre o que é certo ou errado que faz parte da realidade social), o que, na realidade, equivale a eliminar a dimensão ética como tal. Parece-me que, como sugeri anteriormente, isso está relacionado com as dificuldades para articular os aspectos descritivos e prescritivos que um modelo dinâmico de legislação tem necessariamente que incorporar; o objetivo da teoria da legislação não é apenas descrever, mas também explicar e propor procedimentos que impliquem um aumento da racionalidade em relação à prática legislativa existente. E, aqui, poderíamos discutir – buscando operacionalizar a incorporação desse outro nível de racionalidade, o nível R5 – se, e em que medida, o processo da legislação obedece, ou deve obedecer, às regras do discurso racional prático.

Para essa questão, poderia servir como ponto de partida a teoria de Alexy, que contempla a argumentação jurídica (incluindo a que ocorre nos órgãos de interpretação e aplicação do Direito e também a dogmática) como um caso especial do discurso prático geral.[62] Esses seriam alguns dos problemas que surgem aqui: é possível afirmar, assim como Alexy, que a argumentação que se leva a cabo para promulgar uma lei – por exemplo, no contexto de um Estado de Direito – é um caso especial de discurso prático racional? E, caso a resposta seja afirmativa, quais regras e formas de raciocínio

62 ALEXY, Robert. *Theorie der juristischen Argumentation*. Frankfurt am Main: Suhrkamp, 1978.

a serem agregadas às do discurso prático geral seriam análogas às que regem a argumentação jurídica (nos processos de interpretação e aplicação do Direito)? Isso se aplica apenas às fases que eu chamei de legislativas, ou poderia ser ampliado, até certo ponto, às fases pré-legislativas e pós-legislativas? Finalmente, dado que uma das condições delimitadoras do discurso jurídico (e que o torna um caso especial) é, como afirma Alexy, o respeito à lei, não se poderia afirmar que, sem um mínimo de racionalidade legislativa, não é possível falar da racionalidade da argumentação jurídica?[63] Mas qual seria esse mínimo? Afinal, é apropriado falar de argumentação jurídica sem incluir a argumentação que tem lugar no processo legislativo?[64]

63 Cf. NEUMANN, Ulfrid. *Juristische Argumentationslehre*. Darmstadt: Wissenschaftliche Buchgesellschaft, 1986, p. 90, o qual dirige uma crítica à teoria de Alexy relacionada com essa questão; cf. também ALEXY, Robert. *Teoría de la argumentación jurídica*. Tradução de Manuel Atienza e Isabel Espejo. Madri: Centro de Estudios Constitucionales, 1989, pp. 274 e ss. e 314 e ss.

64 No capítulo 6 de ATIENZA, Manuel. *Tras la justicia*. Barcelona: Ariel, 1993, busquei mostrar, através da análise de um "caso legislativo" concreto – o previsto pela Ley de Extranjería – , como os argumentos que têm lugar no processo da legislação podem ser analisados e avaliados.

CAPÍTULO V

RAZÃO PRÁTICA E LEGISLAÇÃO

§ 20 Introdução. Direito e razão

Em um breve trabalho de 1984, que se tornou o documento inaugural do Congresso *La ragione nel diritto*, realizado em Bolonha, Norberto Bobbio apresentou – com a maestria e a elegância que o caracterizam[65] – uma estrutura teórica para abordar o amplo e complexo problema das relações entre o Direito e a razão. O tema deste capítulo – Razão prática e legislação – talvez não seja menos complexo, mas é menos abrangente; de certa forma, pode-se dizer que a relação entre eles é aquela que vai do gênero (razão; Direito) à espécie (razão prática; legislação). Por tudo isso, e porque não há prejuízo algum em lançar um raio de luz sobre um terreno onde a tendência à obscuridade é frequente – e, provavelmente, nem sempre condenável –, usarei o trabalho de Bobbio mencionado acima como ponto de partida para minha exposição.[66] A tese ali apresentada se resume, essencialmente, a estes três pontos.

---

65 Cf. PATTARO, Enrico. "La razón en el Derecho. Comentario a Norberto Bobbio". Tradução de Manuel Atienza. *Doxa*, nº 2, 1985, pp. 147-152.

66 BOBBIO, Norberto. "La razón en el Derecho (Observaciones preliminares)". *Doxa*, nº 2, 1985, pp. 17-26.

O primeiro é que, na opinião de Bobbio, o problema das relações entre Direito e razão possui um significado diferente, dependendo de qual dos dois termos se considere como substantivo. Assim, quando se fala de uma "lei da razão" ou de um "Direito racional", o termo "razão" (que aparece aqui como complemento, não como substantivo)

> é usado predominantemente em um sentido forte, como a faculdade, própria do homem (o homem animal racional da tradição clássica), de captar a essência das coisas, ou – para utilizar uma fórmula apreciada pelos juristas, que sempre a utilizam sem nunca explicar exatamente o querem dizer com ela – a 'natureza das coisas', de estabelecer os nexos necessários entre as entidades de um conjunto e, a partir desses nexos, obter as leis de conduta absolutamente vinculantes.[67]

Já na expressão "razão jurídica", o mesmo termo ("razão", que agora aparece como substantivo) "é usado predominantemente no sentido fraco, como capacidade de raciocinar em todos os sentidos relacionados ao 'raciocínio', como inferência, cálculo, argumentação etc.".[68]

No primeiro caso, o problema fundamental a ser levantado é se existe ou não um Direito racional; no segundo caso, a questão a ser resolvida já não é sobre a existência ou não de um raciocínio jurídico (pois ninguém parece colocar em dúvida sua existência), mas sobre suas características, isto é, qual é sua diferença em relação a outros tipos de raciocínio, o lugar que ocupa no âmbito da moral, na esfera prática em geral ou na ciência.

O segundo ponto é que esses dois significados de "razão" (Bobbio também chama o primeiro de "razão substancial" e o segundo

---

67 BOBBIO, Norberto. "La razón en el Derecho (Observaciones preliminares)". *Doxa*, nº 2, 1985, p. 18.

68 BOBBIO, Norberto. "La razón en el Derecho (Observaciones preliminares)". *Doxa*, nº 2, 1985, p. 18.

de "razão formal") podem ser relacionados, respectivamente, ao momento da criação e da aplicação do Direito.

> A razão forte é aquela que cria, descobre ou revela – segundo os diferentes pontos de vista da tradição do Direito racional – o Direito, isto é, as regras às quais o homem racional deve se ater, e não se limita a indicá-las, mas as põe, propõe ou impõe (na tradição do racionalismo ético, a razão em geral não é apenas teórica, mas também prática); a razão fraca é aquela que, uma vez estabelecidas as regras – e não importa se pela razão ou por uma vontade superior –, trata de aplicá-las ao caso concreto e, para tal, vale-se dos procedimentos descritos ou regulados pela lógica, pela tópica, por todas as disciplinas cujo objeto são as operações mentais que podem ser incluídas no conceito de raciocínio.[69]

E, finalmente, o terceiro ponto – de caráter histórico – é que o primeiro desses problemas, o do Direito racional,

> tem sido quase que completamente abandonado nos dias de hoje, ainda que durante dois milênios tenha sido o tema principal da Filosofia do Direito e o principal objeto de debate desde os gregos até Kant (...) Hoje a expressão "razão no Direito" evoca essencialmente – eu poderia dizer exclusivamente –, creio que por influência dos autores da área da linguística anglo-saxônica, o segundo significado, ou seja, aponta para o tema do raciocínio jurídico.[70]

Essa verdadeira mudança de paradigma no pensamento jurídico teria ocorrido no final do século XVIII e início do século XIX, e está ligada ao surgimento do positivismo e do historicismo jurídico.

---

69 BOBBIO, Norberto. "La razón en el Derecho (Observaciones preliminares)". *Doxa*, nº 2, 1985, p. 19.

70 BOBBIO, Norberto. "La razón en el Derecho (Observaciones preliminares)". *Doxa*, nº 2, 1985, p. 21.

Bobbio considera que as diversas tradições do Direito racional (ou, para ser mais preciso, do Direito natural racional) só têm em comum, positivamente, o fato de terem compreendido a razão como "o órgão mais elevado do conhecimento do homem, o órgão de um conhecimento que (...) permite ao homem alcançar uma verdade incontestável",[71] mas que interpretam essa função de diferentes maneiras. Entretanto, a ideia do Direito racional é mais fácil de ser caracterizada negativamente: ela se contrapõe à concepção do Direito como produto da revelação; da vontade (seja do superior, de Deus, do príncipe ou do povo); da história ou da experiência; e das paixões.

De fato, creio que as três observações feitas por Bobbio – *a*) existem duas formas fundamentais de entender a razão no Direito, como razão forte e como razão fraca; *b*) a razão forte é aquela que legisla e a razão fraca é a que julga ou aplica o Direito; e *c*) o pensamento jurídico contemporâneo, desde o início do século XIX, tem reduzido a razão no Direito ao seu sentido fraco, que é aquele que se manifesta no momento da aplicação – são suscetíveis a mais de uma matização e, em certa medida, é o que pretendo fazer nas partes seguintes deste capítulo. Para isso, tentarei responder a estas três perguntas, as quais, em minha opinião, são também os três principais problemas que a abordagem de Bobbio deixa em aberto:

> *a*) O que se pode entender por racionalidade em geral e por racionalidade ou razão prática em particular? A distinção entre razão forte ou substantiva, por um lado, e razão fraca ou formal, por outro, é adequada?
>
> *b*) Como essa questão se aplica ao campo da legislação? É verdade que a ideia de uma razão legisladora obedece a um modelo ultrapassado de pensamento jurídico?

---

71 BOBBIO, Norberto. "La razón en el Derecho (Observaciones preliminares)". *Doxa*, nº 2, 1985, p. 23.

c) Como a racionalidade na legislação se relaciona com a racionalidade na aplicação do Direito? Trata-se de noções distintas de racionalidade ou de usos distintos de uma noção comum?

§ 21 Racionalidade e razão prática

O conceito de racionalidade é, sem dúvida, um dos conceitos centrais da Filosofia e, possivelmente, inclusive seu conceito central. Isso faz com que sua elucidação apresente enormes dificuldades, pois aqui se encontram praticamente todos os grandes problemas filosóficos. Basta lembrar que quase todas as grandes contraposições da história do pensamento podem ser encaradas do ponto de vista da racionalidade. Assim, por um lado, a razão, como vimos, contrapõe-se à fé, à vontade, à experiência histórica ou às paixões. Mas, por outro lado, dentro do racional, a razão formal contrapõe-se à razão material; a teórica contrapõe-se à prática; a subjetiva, à objetiva; a descritiva, à normativa; a individual, à social; a analítica, à dialética; a instrumental, à valorativa; a científica, à técnica e assim por diante.

Na realidade, essas contraposições não possuem – ou, pelo menos, nem sempre ou em todos os casos – um mero caráter conceitual ou classificatório, mas têm sido frequentemente utilizadas como critérios de demarcação: o que está fora do campo da razão, ou de certo entendimento sobre a razão, não merece atenção, não se pode abordar com propriedade, entre outras suposições. Além do mais, o predicado "racional" é normalmente utilizado para se referir a coisas muito distintas. Racionais podem ser as proposições, os agentes (individuais ou coletivos), as crenças, as opiniões, as decisões, as ações e, talvez, também os fins, os valores, as normas, as instituições.... Em poucas palavras, o conceito de racionalidade não é apenas um conceito extraordinariamente rico – e, portanto, inevitavelmente impreciso –, mas também extremamente controverso; tão controverso que não se pode sequer afirmar que exista acordo na hora de considerar a racionalidade – seja ela qual for – como algo relevante; nem, obviamente, quando se trata de contrastar o racional com o emocional ou o volitivo; ou de caracterizar a racionalidade como uma capacidade peculiar ao ser humano; ou mesmo como uma capacidade por si só, pois, às vezes, enfatiza-se que se trata tão somente de um método[72] (cujo exercício pressupõe, certamente, algum tipo de capacidade).

Por isso, não é surpreendente que Hans Lenk, depois de revisar – sem pretender ser exaustivo – mais de vinte significados diferentes de racionalidade, considere "duvidoso que um conceito único e amplo de racionalidade possa cobrir todos os significados".[73]

Ora, independentemente de que essa seja uma tarefa viável, não me parece ser o caminho mais promissor para esclarecer a noção de racionalidade, pelo menos para os objetivos que nos interessam aqui. Nem pretendo afirmar que seja suficiente partir de alguma contraposição simples (simples no sentido de que deixa de fora muitos outros significados do conceito), como a sugerida por Bobbio ao distinguir a razão fraca, formal ou instrumental da razão forte, substancial ou final. O que é necessário, em minha opinião, não é tanto uma teoria geral e completa da racionalidade (algo que, naturalmente, está muito além das minhas possibilidades), mas sim uma concepção *estruturada* da racionalidade (em um sentido semelhante ao da teoria estruturada do delito, por exemplo) que, entre outras coisas, permita conectar (e não apenas separar) os dois sentidos ou tipos de racionalidade que acabamos de mencionar. Em suma, trata-se de articular diferentes níveis de racionalidade, o que significa não apenas diferenciar os vários sentidos ou tipos de racionalidade, mas também ordená-los de alguma forma.

Dentro dessa estrutura, o nível provavelmente mais básico é a racionalidade lógico-formal. A racionalidade aqui se predica

---

72 MOSTERÍN, Jesús. *Racionalidad y acción humana*. Madri: Alianza, 1978.

73 LENK, Hans. *Entre la epistemología y la ciencia social*. Barcelona: Alfa, 1988, p. 115.

essencialmente de enunciados ou proposições ou, melhor, da passagem de umas proposições a outras, ou seja, da inferência. Deduzir ou calcular são, indiscutivelmente, operações racionais, mas não esgotam, nem de longe, o campo da racionalidade. Para compreender tal afirmação, pode ser útil ver como esse nível de racionalidade opera no contexto da aplicação do Direito. A maioria de nós concorda que uma decisão judicial não estará justificada – será considerada irracional – se não tiver uma forma dedutiva ou, como se costuma dizer atualmente, se não possuir uma justificação interna.[74] No entanto, a utilização da lógica dedutiva como mecanismo de controle racional deixa em aberto, pelo menos, os seguintes problemas: *a*) não diz nada sobre como estabelecer as premissas, isto é, parte delas, como de algo já dado; *b*) também não diz nada sobre *como* passar das premissas à conclusão, mas apenas estipula critérios sobre *se* um determinado passo está autorizado ou não; digamos, não tem valor heurístico, mas um valor de prova; não opera no contexto de descoberta, mas no de justificação; *c*) há dúvidas – ou, pelo menos, muitas vezes se duvidou – de que haja lugar para uma inferência *normativa*, ou seja, uma inferência em que pelo menos uma das premissas e a conclusão sejam normas, como é o caso do silogismo judicial (ou, em geral, do silogismo prático-normativo); *d*) só apresenta critérios formais de correção: um juiz que usa como premissa, por um lado, uma norma nitidamente inválida e, por outro, um relato dos fatos que contradiz frontalmente a realidade, não estaria atentando contra a lógica; *e*) não permite considerar como argumentos válidos os casos em que a passagem das premissas para a conclusão não é necessária, embora altamente plausível; *f*) não é capaz de abordar uma das formas mais típicas de argumentação no Direito (e fora do Direito): a analogia; e *g*) não determina, na melhor das hipóteses, a decisão como tal (por exemplo, "condeno *X* à pena *Y*"), mas o enunciado normativo que é a conclusão do silogismo judicial ("devo condenar *X* à pena *Y*"): um

---

74 Cf. ATIENZA, Manuel. *Las razones del Derecho*: teorías de la argumentación jurídica. Madri: Centro de Estudios Políticos Constitucionales, 1991.

enunciado como "devo condenar *X* à pena *Y*, mas não o condeno" não representaria uma contradição lógica (mas sim pragmática).

Naturalmente, o fato de que essa noção de racionalidade seja limitada não é, por si só, um defeito. O problema é que frequentemente tenta-se transformá-la no centro – e não apenas na base – da racionalidade. De acordo com o que Brown denomina modelo clássico de racionalidade predominante no pensamento ocidental,[75] solucionar racionalmente um problema significaria chegar a um resultado que possa ser *universal* (qualquer pessoa, a partir dos dados do problema, deve chegar à mesma solução), e isso de forma *necessária* e como consequência do cumprimento de certas *regras* que também são *algoritmos*, ou seja, quando aplicados a um problema, garantem uma solução em um número finito de etapas. Tratar-se-ia, portanto, de uma generalização indevida a partir das operações de dedução ou cálculo. Tal concepção da racionalidade exigiria qualificar como não racionais (embora não necessariamente irracionais) muitas das atividades que normalmente consideramos racionais e até mesmo paradigmas da racionalidade; entre outras coisas, aspectos fundamentais da atividade científica, incluindo a própria lógica formal ou matemática. A capacidade de resolver problemas dedutivos ou computacionais vai muito além do que esse modelo de racionalidade sugere. Ser racional significa, acima de tudo, ser capaz de lidar com problemas inéditos, isto é, com problemas que não podem ser resolvidos simplesmente pela aplicação de regras pré-estabelecidas.

Em minha opinião, as considerações anteriores levam a duas conclusões. A primeira é que precisamos ampliar – ou, se quisermos dizer de outro modo, enfraquecer – o conceito de inferência da lógica dedutiva clássica: argumentar racionalmente, isto é, passar de uma proposição a outra de maneira fundamentada, não é o mesmo que – ou não é apenas – deduzir. A segunda conclusão é que a lógica,

---

75 BROWN, Harold I. *Rationality*. Londres/Nova York: Routledge, 1990.

ou teoria da argumentação, move-se, em todo caso, no reino do discurso, mas a racionalidade é uma capacidade, ou um método, que deve nos permitir resolver ou lidar com problemas que vão além do discurso. Se precisamos da racionalidade, é basicamente para sermos capazes de lidar com problemas relacionados à compreensão do mundo (problemas de conhecimento) e de como agir nele (problemas práticos). Pois bem, em todo problema cognoscitivo ou prático existe uma dimensão lógica – uma dimensão argumentativa –, de modo que se pode afirmar que a racionalidade lógica é o nível mais básico de racionalidade e que ela tem um caráter instrumental em relação à racionalidade teórica e à racionalidade prática.

Isso também implica aceitar, como é comumente aceito, que predicamos a racionalidade, essencialmente, das crenças e opiniões, por um lado, e das decisões e ações, por outro. O conhecimento científico é o tipo mais perfeito de racionalidade teórica, mas as crenças e opiniões podem ser racionais, mesmo que não sejam científicas. É claro que isso não significa que qualquer crença seja racional. A racionalidade teórica – a racionalidade em geral – implica necessariamente um elemento de objetividade, no sentido de que não basta que um sujeito acredite em algo para que essa crença seja racional; além disso, é necessário poder apresentar *razões* a favor dessa crença, e razões de certa qualidade: que não estejam em contradição com outras crenças do sujeito, que sejam compatíveis (coerentes) com o conhecimento acumulado no campo em questão e com as informações disponíveis sobre o problema etc. De qualquer modo, as crenças e opiniões racionais – incluindo teorias científicas – não precisam ser verdadeiras, mesmo que busquem tal condição; e, por outro lado, uma crença pode ser verdadeira mesmo que um agente a defenda de forma irracional. Isso certamente não é prova de que não exista uma racionalidade substancial ou material, mas sim de que se trata de uma noção um tanto enganosa.

A racionalidade teórica, como já foi dito, pressupõe a racionalidade lógica e, ao mesmo tempo, é o pressuposto para a racionalidade prática. Isso significa que agir racionalmente significa comportar-se com base em crenças racionais,[76] o que, diga-se de passagem, não é, de forma alguma, uma tese trivial. Se tal requisito for aceito, então a teoria da decisão "racional", que é o modelo predominante de racionalidade prática hoje em dia, não seria, no mínimo, uma teoria plenamente racional, pois parte das crenças (e desejos) subjetivas do agente que, em essência, não estão sujeitas a qualquer tipo de crítica.[77] A racionalidade prática, por outro lado, pode ser entendida em um sentido simplesmente técnico-instrumental (o que resulta em uma noção de racionalidade que não é discutível como tal, embora possa ser interpretada de diferentes maneiras) ou como razão ética ou de finalidade (que resulta em uma noção mais forte – e mais polêmica – de racionalidade).

No primeiro sentido, agir racionalmente significa adotar os meios mais adequados para atingir os fins propostos. Esse tipo de estrutura teleológica ocorre tanto na racionalidade puramente instrumental quanto na racionalidade estratégica, isto é, na racionalidade em contextos de interação, que pressupõe a primeira. Semelhante ao que ocorria com a racionalidade teórica ou cognoscitiva, também pode ser dito aqui que uma ação pode ser racional mesmo que não alcance o fim desejado, e que um fim desejado pode ser alcançado, mas de uma forma totalmente irracional. Naturalmente, essa noção de racionalidade também pode ser aplicada às regras e, em particular, às regras jurídicas: tanto no que diz respeito ao seu estabelecimento quanto ao seu acompanhamento ou implementação. Assim, faz todo o sentido dizer que um agente atuou racionalmente ao estabelecer uma norma se esta última puder de fato ser vista como um meio adequado para atingir o fim pretendido; que alguém se comporta

---

76 Cf. MOSTERÍN, Jesús. *Racionalidad y acción humana*. Madri: Alianza, 1978; QUINTANILLA, Miguel A. *A favor de la razón*. Madri: Taurus, 1981; BUNGE, Mario. *Racionalidad y realismo*. Madri: Alianza, 1988.

77 BUNGE, Mario. *Racionalidad y realismo*. Madri: Alianza, 1988, p. 24; HÖFFE, Otfried. *Estudios sobre teoría del Derecho y la Justicia*. Barcelona: Alfa, 1988, p. 156.

racionalmente ao seguir uma norma, porque tem boas razões para pensar que de outra forma sofreria uma sanção (e deseja evitar a sanção); ou que, ao aplicar uma norma, um juiz age racionalmente se o que pretende é, por exemplo, que suas decisões não sejam anuladas por Tribunais Superiores e adapta seu comportamento para atingir esse objetivo.

Veja-se que essa noção – ou nível – de racionalidade tem um caráter nitidamente limitado por natureza, pois renuncia a tratar da questão da racionalidade dos fins. Ou melhor, para aqueles que operam no contexto da racionalidade técnico-instrumental, só se poderia falar de racionalidade dos fins no caso de fins que são, por sua vez, meios para outros fins, ou em relação à questão de se os fins últimos formam um todo consistente; mas os fins últimos como tais não seriam mais uma questão relativa à razão. É essa caracterização da razão que aparece sintetizada de forma provocativa nestas duas famosas frases de Hume, que por alguma razão é seu principal mentor: "a razão é, e deve ser, a escrava das paixões", e "não é contrário à razão preferir a destruição do mundo a um arranhão no meu dedo".[78]

Só se pode falar de razão prática num sentido forte ou estrito caso se negue esta última suposição, ou seja, caso se aceite que os fins últimos também podem ser objeto de deliberação e discussão racional, e não simplesmente premissas de raciocínios práticos. Com isso, quero dizer que aceitar a existência tanto de razões finais como razões de correção (isto é, razões que não se referem mais a fins ulteriores e, portanto, funcionam como razões finais) no Direito – na justificação das decisões jurídicas – não é o mesmo que defender uma concepção de racionalidade prática no sentido estrito ao qual me refiro. Ao fim e ao cabo, reconciliar Hume com Kant – como MacCormick tentou fazer, de certo modo, em sua teoria da

---

78 Cf. um comentário sobre ambas em AUDI, Robert. *Practical reasoning*. Londres: Routledge, 1989.

argumentação jurídica[79] – pode bem ser um exemplo de objetivo impossível, ou seja, contraditório. Tampouco se trata, do ponto de vista da ética, dessa noção de racionalidade se, como em Gauthier,[80] a moralidade for entendida como uma extensão da racionalidade prudencial ou instrumental em contextos de interação estratégica; o critério supremo da racionalidade prática não pode ser o princípio da maximização, ainda que seja uma maximização restrita. Além do mais, defender o caráter prático (prático-moral, e não apenas prático-técnico) da razão não implica, obviamente, ignorar o fato de que a racionalidade também tem seus limites. Ela pode fundamentar objetivamente normas e valores últimos, mas não pode fazê-lo de forma absoluta e incontestável, tal como pretenderam os autores jusnaturalistas lembrados por Bobbio.

Na minha opinião, a concepção mais plausível da racionalidade prática é a concepção discursiva, segundo as linhas desenvolvidas por Habermas e Alexy, as quais subscrevo no essencial. No que diz respeito, em particular, à tese de Alexy, acho convincente sua reconstrução das regras e formas que regem o discurso prático racional geral, embora tenha muitas dúvidas sobre o acerto em caracterizar o discurso jurídico (um conceito, aliás, que nem sempre me parece bem delimitado em sua obra) como um caso especial do discurso prático racional. A afirmação de Habermas – que, segundo declaração própria, teria sido convencido disso por Alexy – de que "é preciso conceber a argumentação jurídica, em todas as suas manifestações institucionais, como um caso especial de discurso prático"[81] (subentende-se que do *discurso prático racional*, no sentido em que essa última expressão é utilizada no contexto desta teoria, e que pressupõe

---

79 MACCORMICK, Neil. *Legal reasoning and legal theory*. Oxford: Oxford University Press, 1978.

80 GAUTHIER, David. *Morals by agreement*. Oxford: Oxford University Press, 1986.

81 HABERMAS, Jürgen. *Teoría de la acción comunicativa*. tomo 1. Madri: Taurus, 1987, p. 60.

uma situação de igualdade entre seus participantes e a ausência total de coerção – externa ou interna ao discurso), parece-me não apenas falsa, mas também perigosa; e o perigo decorre, em minha opinião, do fato de que a teoria do discurso é utilizada não como uma instância crítica para julgar o Direito positivo, mas como um modelo para a reconstrução e justificação de um certo tipo de Direito. Agora, uma coisa é apresentar o Direito como um requisito da razão prática – algo com que estou de acordo – e outra bem diferente é supor que vivemos (nos Estados Democráticos Constitucionais) "no melhor dos mundos jurídicos possíveis",[82] e não apenas no melhor dos mundos jurídicos realmente existentes.

De resto, acredito que a racionalidade prática – e provavelmente a racionalidade em geral – deve ser caracterizada em termos procedimentais, e não substantivos; como um processo dialógico, e não monológico; realizado por homens nas condições de sua existência real, e não por um espectador imparcial ou pelos representantes de uma hipotética situação originária; e que, no procedimento, a objetividade é definida pela capacidade de alcançar um consenso em condições de liberdade e igualdade que já estão pressupostas no próprio uso ordinário da linguagem. Assim entendida, a racionalidade prática tem um caráter limitado, pois não pretende emitir juízos absolutos sobre fins últimos, mas apenas juízos que têm uma pretensão de validade objetiva; pressupõe os níveis anteriores de racionalidade, de modo que seus juízos são de fato últimos, mas não irrevogáveis; e nela predomina a dimensão crítica – negativa – sobre a construtiva: a razão prática se manifesta, sobretudo, na capacidade de dizer não à busca de certos fins e ao uso de certos meios.[83]

---

82 TUGENDHAT, Ernst. "Zur Entwicklung von moralischen Begründungsstrukturen in modernen Recht". *ARSP*, nova serie, nº 14, 1980, p. 4.

83 MUGUERZA, Javier. *La razón sin esperanza*. Madri: Taurus, 1977; MUGUERZA, Javier. *Desde la perplejidad*: ensayos sobre la ética, la razón y el diálogo. Cidade do México: Fondo de Cultura Económica, 1990.

§ 22 Racionalidade e legislação

Passemos agora ao segundo dos problemas apontados anteriormente. A racionalidade da legislação pode ser entendida, pelo menos, de três maneiras distintas. Por um lado, a racionalidade pode se referir à legislação como tal, o que implica perguntar qual é o lugar que ocupa – qual é sua função – no contexto do sistema jurídico como um todo e em relação aos outros elementos do sistema, em particular, em relação à jurisdição; ou qual é sua função no contexto da evolução dos sistemas jurídicos. No conhecido modelo weberiano (não histórico, mas de tipo ideal) do desenvolvimento do Direito e da cultura jurídica, a legislação – em particular, as codificações – está obviamente vinculada ao tipo de Direito racional-formal que representa a etapa mais alta do processo de racionalização progressiva da sociedade ocidental. Por outro lado, a racionalidade legislativa pode ser entendida em termos do processo de produção das leis; a questão que se coloca, então, é em que condições – ou até que ponto – a atividade legislativa (entendida, em sentido amplo, como a produção deliberada de normas de natureza preferencialmente geral e abstrata) pode ser considerada racional. Finalmente, pode-se falar também de racionalidade em relação ao resultado desse processo, ou seja, de racionalidade das leis.

A seguir, tratarei essencialmente da racionalidade da legislação, compreendida a partir do segundo sentido apontado; digo "essencialmente" pois a racionalidade da atividade legislativa pressupõe a racionalidade da instituição como tal e determina, pelo menos até certo ponto, a racionalidade de seus produtos, das leis. Há ocasiões em que pode fazer sentido afirmar que uma lei é racional mesmo quando o processo de sua produção não o tenha sido (por exemplo, a lei resolve algum problema social, mesmo que tenha sido promulgada ignorando dados essenciais – e conhecidos – da situação), mas isso ocorre excepcionalmente. A situação inversa é, infelizmente, mais plausível: apesar de ter passado por um processo legislativo racional, a lei pode deixar as coisas ainda piores do que já eram.

Entendida dessa maneira, a racionalidade legislativa é apenas um aspecto particularmente complexo da racionalidade prática em geral.

O processo de produção das leis pode ser considerado – tal como fizemos anteriormente – como uma série de interações que ocorrem entre elementos diversos (os editores, os destinatários, o sistema jurídico, os fins e os valores) e que dão origem a diferentes níveis de racionalidade. Os níveis, por sua vez, são ordenados da seguinte forma: em cada nível, os valores funcionam como fins últimos e fornecem, portanto, os critérios para resolver possíveis conflitos entre fins do mesmo nível; por outro lado, cada nível de racionalidade é hierarquicamente superior ao anterior, no sentido de que os conflitos entre níveis de racionalidade devem ser resolvidos dando prioridade aos níveis superiores; finalmente, os primeiros quatro níveis correspondem a uma mesma noção de racionalidade (a racionalidade instrumental-estratégica), enquanto o quinto, a racionalidade ética, é de um tipo distinto: aqui – como já foi dito – não se trata tanto de ver quais meios são adequados a certos fins, mas sim quais fins (e quais meios) justificam-se (ou não) eticamente. Assim, aparecem os cinco níveis de racionalidade anteriormente desenvolvidos por extenso.

Pode-se objetar que esse modelo de racionalidade legislativa não incorpora – ou não incorpora suficientemente – a noção de racionalidade como eficiência; isto é, para ser racional, uma lei não só deve ser *eficaz* (R3) e *efetiva* (R4), mas também *eficiente*: os fins sociais almejados devem ser alcançados a um custo razoável. Consideradas as coisas sob esse prisma – é assim que a eficiência legislativa é geralmente definida –, pode-se dizer que a eficiência seria um aspecto interno ao nível da racionalidade R4. Contudo, creio – e sigo aqui, de certa forma, uma sugestão de Nicholas Rescher[84] – que a eficiência deveria ser considerada, em vez de um nível de racionalidade, uma dimensão "transversal" dela, como um

---

84 RESCHER, Nicholas. *La racionalidad*. Madri: Tecnos, 1993, p. 117.

componente da ideia de racionalidade que atravessa todos os outros níveis. Isso significa, por exemplo, que, no nível R1, só faz sentido buscar clareza e precisão até certo ponto; isto é, chega – ou pode chegar – um momento em que o "benefício" de um incremento da precisão linguística não supera o "custo", em termos da extensão da lei, do tempo gasto em sua redação etc. E algo semelhante também ocorreria no nível da racionalidade ética (R5): o aumento da liberdade tem – ou pode ter – um limite não só na liberdade dos outros, mas também em outros valores éticos, como a igualdade.

Além disso, deve-se buscar um equilíbrio ótimo entre o valor da comunicação, da segurança, da eficiência etc.; foi dito que possíveis conflitos entre diferentes níveis devem ser resolvidos – é racional fazê-lo – dando prioridade aos níveis superiores, mas não seria racional que um desses níveis – ou o valor que o rege – pretendesse anular completamente os demais. Assim, por exemplo, é um erro, um atentado à racionalidade, elaborar uma lei visando de maneira exagerada ao alcance de certos objetivos sociais ou econômicos: simplesmente porque, se os aspectos formais das leis forem negligenciados – como vimos no capítulo anterior –, a lei não será aplicada, ou não será aplicada regularmente, e, portanto, não se tornará efetiva. E o mesmo poderia ser dito de uma lei preocupada apenas em "fazer justiça": nenhuma justiça é possível sem um texto com um grau aceitável de clareza, sistematicidade etc.

As linhas anteriores configuram, de acordo com o que também vimos no capítulo anterior, uma análise da racionalidade legislativa de caráter interno: a partir de cada um dos níveis de racionalidade, os elementos da atividade legislativa são considerados a partir de um certo ponto de vista, delimitando, assim, um critério de racionalidade e sugerindo uma série de técnicas a serem utilizadas para ampliar a racionalidade. Além disso, pode-se levar a cabo uma análise de caráter externo, na qual, por sua vez, cabe diferenciar duas fases. A primeira tem uma perspectiva bastante estática, na medida em que procura mostrar como os vários níveis de racionalidade R1-R5 estão relacionados entre si (porém, poderíamos dizer, de forma abstrata, desconsiderando o processo *real* da legislação). A noção de racionalidade legislativa, como vimos, é consideravelmente complexa, na medida em que envolve técnicas e saberes de origem muito heterogênea e não facilmente articuláveis entre si. Por outro lado, os diferentes níveis de racionalidade, às vezes, apresentam exigências contraditórias ou, pelo menos, não facilmente harmonizáveis.

A segunda fase da análise externa tem um caráter dinâmico, na medida em que tenta mostrar como essas noções de racionalidade podem ser combinadas para dar conta do processo *real* da legislação (cf. § 15-19).

§ 23 Racionalidade na produção e na aplicação do Direito

Pois bem, independentemente de as considerações anteriores serem mais ou menos acertadas, o que parece indiscutível é que, na cultura jurídica atual, o problema da racionalidade da legislação não é apenas uma questão a ser abordada, mas se pode afirmar, inclusive, que é um de seus traços mais característicos. O interesse pelos estudos sobre a legislação é bastante recente nos países de Direito continental – como vimos, remonta a apenas algumas décadas, início dos anos 70. Mas o mesmo não se pode dizer sobre a cultura do *common law*, que está familiarizada com a figura do *draftsman* há mais de um século. Em todo caso, o auge atual desse tipo de estudos (para os quais ainda não existe um termo geralmente aceito) está sem dúvida ligado à crise da legislação que, por sua vez, é um aspecto da crise do Estado de Bem-Estar Social e, de modo mais geral, da crise social e civilizatória deste fim de milênio. Contudo, mesmo aceitando a possibilidade de falar em uma razão legislativa (fraca ou forte, poderíamos dizer, dependendo se o ponto de partida é um concepção exclusivamente técnico-instrumental, como é mais frequente, ou uma concepção mais ampla – ética ou de fins – de razão prática), estamos realmente utilizando a expressão "racionalidade" no mesmo sentido que utilizamos quando nos referimos à racionalidade dos atos de aplicação do Direito?

A resposta a essa pergunta, em minha opinião, tem que ser afirmativa, embora isso não deva invalidar a distinção entre a legislação e a jurisdição, o momento da produção e o momento da aplicação do Direito.

Diante da comprovação de que se trata, de fato, de uma noção comum de racionalidade, faria todo sentido transferir a análise anterior para o contexto da aplicação do Direito. Assim, por exemplo, uma sentença judicial é também, como regra, um texto do qual se exige precisão e clareza (as técnicas de *legal writing* são, em princípio, aplicáveis à elaboração de leis, contratos e sentenças, entre outros exemplos). Um problema frequente para o juiz que tem que aplicar uma norma é a preservação do caráter sistemático do ordenamento: mas não parece haver uma grande distância entre as técnicas a serem utilizadas para preencher lacunas ou resolver contradições, quando elas surgem, e aquelas que devem ser utilizadas para evitar que elas surjam.[85] As sentenças judiciais ou decisões administrativas não podem ser confundidas com seus atos de execução, motivo pelo qual a eficácia também é um objetivo a se alcançar aqui (e, às vezes, extraordinariamente difícil de se alcançar; por exemplo, quando é a própria Administração a responsável pela execução de sentenças contencioso-administrativas). A eficácia social e a eficiência não podem, obviamente, ser um objetivo alheio à aplicação do Direito, e – como se sabe – uma corrente influente do pensamento jurídico contemporâneo entende que a maximização da riqueza é a chave para entender e avaliar o desempenho dos juízes (pelo menos, dos juízes de *common law*).[86] E, por último, na aplicação do Direito, muitas vezes surgem problemas éticos cuja tentativa de resolução, apelando exclusivamente a critérios como a correta aplicação do

---

85 Cf. GUASTINI, Riccardo. "Produzione di norme a mezzo di norme. Un contributo all'analisi del ragionamento giuridico". *Informatica e Diritto*, nº 1, 1985, pp. 7-31.

86 POSNER, Richard. A. *The problems of jurisprudence*. Cambridge: Harvard University Press, 1990.

Direito vigente, a obediência ao legislador ou a eficiência econômica, seria uma falácia; o juiz também precisa empregar – e emprega – alguma concepção da ética, mesmo que seja a mais crua das éticas do legalismo ou a mais ingênua das éticas do ativismo.

Enfim, a ideia de que estamos diante da mesma noção de racionalidade, e que se estrutura de uma mesma maneira, fica evidente no que diz respeito à interpretação do Direito, que, se quisermos, é o elo que conecta a produção e a aplicação das normas. Tradicionalmente, tem sido feita uma distinção entre as diversas técnicas a serem utilizadas para esclarecer o sentido dos enunciados jurídicos quando surjam dúvidas a respeito. Como se sabe, o art. 3.1 do Código Civil espanhol aponta que

> as normas devem ser interpretadas de acordo com o sentido próprio de suas palavras, em relação ao contexto, aos antecedentes históricos e legislativos, e à realidade social do tempo em que são aplicadas, atendendo fundamentalmente ao espírito e à finalidade das regras,[87]

e o parágrafo 2º acrescenta que "a equidade deve ser considerada na aplicação das normas, mas as decisões dos tribunais só podem se basear exclusivamente nela quando a lei expressamente o permitir".[88] Se observamos esse artigo através do prisma das várias noções de racionalidade que temos analisado, não é difícil chegar à conclusão de que, no fundo, trata-se de cinco tipos (ou momentos) da interpretação ligados, respectivamente, a cada um dos nossos cinco

---

87 Cf. Artigo 3.1 em: ESPANHA. "Real Decreto de 24 de julio de 1889 por el que se publica el Código Civil". *Gaceta de Madrid*, nº 206, 25 jul. 1889. Disponível em: https://www.boe.es/eli/es/rd/1889/07/24/(1)/con. Acessado em: 15.08.2022.

88 Cf. Artigo 3.2 em: ESPANHA. "Real Decreto de 24 de julio de 1889 por el que se publica el Código Civil". *Gaceta de Madrid*, nº 206, 25 jul. 1889. Disponível em: https://www.boe.es/eli/es/rd/1889/07/24/(1)/con. Acessado em: 15.08.2022.

níveis de racionalidade: teríamos, assim, a interpretação textual ou linguística, a interpretação sistemática, a interpretação pragmática, a interpretação teleológica e a interpretação ética ou valorativa. E, igualmente, percebe-se que essas formas ou técnicas de interpretação estão conectadas entre si de tal forma que cada uma delas pressupõe, por um lado, a anterior, e se subordina à subsequente, de acordo com a noção estruturada de racionalidade que temos discutido.

Considero, inclusive, que a partir do modelo de racionalidade exposto anteriormente, as formas habituais de conceber a contraposição entre legislação e jurisdição podem ser reinterpretadas com certa facilidade. Para começar, se a existência de uma legislatura significa um "progresso" no desenvolvimento do Direito, é porque, em sociedades com um certo nível de complexidade, o que tem sido chamado de racionalidade teleológica (R4) não poderia ser alcançada com mecanismos puramente jurisdicionais; esse – eu acredito – é o significado da frase mordaz de Bentham dirigida aos juízes ingleses, a quem ele acusava de elaborar o *common law* "como um homem elabora regras para seu cão". E essa afirmação está totalmente de acordo com a opinião do mesmo autor de que é o princípio da utilidade que deve reger a legislação, enquanto a certeza jurídica deve guiar o trabalho dos juízes; isto é, a legislação se orienta por uma concepção teleológica e ética da racionalidade, enquanto a jurisdição se baseia na racionalidade jurídico-formal. A mesma ideia, em certa medida, pode ser encontrada em Max Weber, em sua consideração de que a racionalidade formal (R2) é própria dos juristas e operadores jurídicos, enquanto o legislador ou quem cria o Direito geralmente se orienta por uma racionalidade relacionada aos fins (R4).[89] Ou em Luhmann,[90] quando ele aponta que, com a positivação do Di-

---

89 Cf. FEBBRAJO, Alberto. "Capitalismo, stato moderno e diritto razionale-formale". *In*: TREVES, Renato (Coord.). *Max Weber e il diritto*. Milão: Franco Angeli, 1981, pp. 39-64.

90 LUHMANN, Niklas. *Rechtssoziologie*. Reinbek bei Hamburg: Rowohlt, 1972.

reito (cf. § 17 deste livro), ocorre uma diferenciação funcional entre os procedimentos para reagir normativamente a expectativas não realizadas (jurisdição) e os procedimentos para aprender (momento cognoscitivo) a partir de expectativas não realizadas (legislação); os primeiros expressariam, portanto, uma racionalidade normativa ou orientada ao *input* (R2), enquanto os segundos expressariam uma racionalidade das consequências ou orientada ao *output* (R4). Essa diferença de orientação – que também traz consigo diferenças organizacionais, institucionais etc. – é, sem dúvida, correta, mas deve ser relativizada em vários aspectos. Em primeiro lugar, porque – como vimos [illegible]istinção radica em uma questão de ênfase: a racionalidade legis[illegible]se interessa somente pela racionalidade teleológica, ne[illegible] na aplicação do Direito obedece exclusivamente [illegible]ivo ou jurídico-formal. Em segundo lugar, a ra[illegible]a opera, em ambos os casos, como o último nível [illegible]de; os níveis de racionalidade instrumental podem se[illegible]dos de maneira distinta no momento da legislação e no mome[illegible] da aplicação, mas, em ambos os casos, a racionalidade instrumental está subordinada à racionalidade ética. Finalmente, a racionalidade legislativa – ou, pelo menos, um certo grau de racionalidade legislativa – é um pressuposto necessário para que se possa falar de racionalidade na aplicação do Direito. Precisamente, uma das críticas possíveis à tese de Alexy acima mencionada, de que o discurso jurídico, aquele elaborado pelo intérprete, pelo aplicador do Direito ou pelo dogmático, é um caso especial de discurso prático em geral, é que ela só funciona quando se pressupõe a justiça – a racionalidade – do Direito estabelecido.

Em suma, creio que a noção de racionalidade deveria ser o eixo em torno do qual se deveria articular a diversidade dos saberes e práticas jurídicas. Teríamos, assim, por um lado, uma série de técnicas jurídicas destinadas a incrementar a racionalidade do Direito, dentro das quais poderíamos diferenciar, embora apenas como momentos de um mesmo processo de racionalização, – a técnica ou técnicas legislativas e a técnica da interpretação e aplicação do Direito (a dogmática jurídica em seu sentido tradicional). Por outro lado, seria necessário, a partir deste ponto, desenvolver uma Teoria do Direito que elaborasse os marcos conceituais nos quais essas técnicas estivessem inscritas, que oferecesse uma explicação total do fenômeno jurídico – que incluísse, assim, tanto o momento da aplicação quanto o da produção das normas – e que permitisse conectar a cultura e a prática jurídica em geral com o conjunto dos saberes e práticas sociais. Mas, para isso, é necessário partir de uma concepção unitária, estruturada e ampla de racionalidade, que não limite o comportamento racional à atividade de seguir regras pré-estabelecidas, e nem renuncie à questão da justificação – a racionalidade – dos fins. Necessitamos, em suma, daquilo que Bobbio chamou de razão em sentido forte, tanto no momento da legislação quanto no momento da aplicação do Direito, e em nenhuma dessas duas instâncias podemos prescindir da razão em sentido fraco.

CAPÍTULO VI

ARGUMENTAÇÃO E LEGISLAÇÃO

§ 24 Teorias da argumentação jurídica e legislação

O estudo dos aspectos argumentativos do Direito tem adquirido uma importância crescente desde o final da Segunda Guerra Mundial. Em um primeiro momento, na década de 1950, surgiram aquelas que podem ser chamadas de teorias "pioneiras" da argumentação jurídica, cujos exemplos mais importantes encontram-se nas obras de Viehewg, Perelman e Toulmin. Em seguida, a partir do final dos anos de 1970, desenvolveu-se aquela que pode ser considerada a teoria padrão da argumentação jurídica, representada, sobretudo, pelas interpretações de Robert Alexy e Neil MacCormick;[91] o artigo publicado conjuntamente por Aarnio, Alexy e Peczenick em 1981 (em que os autores defendem teses substancialmente semelhantes às de MacCormick) talvez possa ser considerado como uma espécie de "manifesto" dessa concepção.

Uma das características dessa teoria é que seu objeto de estudo está essencialmente circunscrito ao raciocínio justificativo levado a

---

91 Ver ATIENZA, Manuel. *Las razones del Derecho*: teorías de la argumentación jurídica. Madri: Centro de Estudios Políticos Constitucionales, 1991.

cabo por juízes de instâncias superiores. Em outras palavras, o importante para ela são as razões apresentadas pelos juízes em favor da correção ou aceitabilidade de suas decisões (é essencialmente nisso que consiste a "motivação"), e não as razões que permitiriam *explicar* (através de um estudo de tipo psicológico, sociológico, ideológico etc.) tais decisões. Além disso, ao se concentrar nas motivações dos juízes dos Tribunais Superiores, seus estudos giram em torno, essencialmente, de problemas interpretativos, e não de questões relacionadas com os fatos (por exemplo, os problemas de prova e qualificação).

Pois bem, nos últimos anos é possível detectar (também na Espanha) um interesse crescente pela argumentação em matéria de fatos, mas não (ou, pelo menos, não na mesma medida) na argumentação (jurídica) que ocorre em áreas que não fazem parte da esfera judicial; a argumentação dos advogados, legisladores e dogmáticos são, talvez, os três casos mais importantes. Em suma, a argumentação legislativa, a que está ligada à produção de normas jurídicas por órgãos políticos de natureza colegiada, geralmente está fora do escopo do termo "teoria da argumentação jurídica".

Há diversos motivos para explicar tal situação. Algumas são, por assim dizer, de natureza teórica, enquanto outras poderiam ser consideradas de caráter prático.

Aquelas de natureza teórica estão ligadas ao fato de que a Teoria do Direito dos séculos XIX e XX girou essencialmente em torno da descrição, análise conceitual, sistematização e (embora de maneira velada) desenvolvimento do Direito a partir de sua produção legislativa (ou judicial, em maior ou menor grau dependendo do tipo de sistema jurídico em questão). Não havia, até muito recentemente (mais ou menos, até os anos setenta do século XX), uma teoria própria da legislação,[92] embora, é claro, tenham existido alguns precedentes importantes.

---

92 Ver ZAPATERO, V. "De la jurisprudencia a la legislación". *Doxa*, nº 15/16, 1994, pp. 769-789; MARCILLA, Gema. *Crisis de la ley y ciencia*

Um deles foi, sem dúvida, o trabalho de Bentham, que, nesse sentido, faz parte do projeto legislativo (reformista) do Iluminismo. A influência de Bentham e as peculiaridades dos sistemas de *common law* (o papel mais limitado reservado ao Direito legislado em oposição ao de origem judicial) provavelmente explicam por que a figura do profissional redator de normas jurídicas (o *draftsman*) era conhecida nos países anglo-saxões muito antes do que nos sistemas de Direito continental. Entretanto, a teoria positivista do Direito dominante na Inglaterra desde o início do século XIX, e fortemente influenciada por Bentham, a *Analytical Jurisprudence*, partiu de uma distinção taxativa entre o que é e o que deveria ser o Direito que deixava a legislação fora do seu campo de estudo. Como se sabe, Austin distinguia a *jurisprudência*, isto é, o estudo do Direito positivo entendido como o conjunto dos mandamentos de um soberano a seus súditos, da *ciência da legislação*, as propostas sobre o que deveria ser o Direito, que pertenceria à teoria moral e política. De modo geral, pode-se dizer que no mundo anglo-saxão prevaleceu, pelo menos até recentemente, uma tendência a considerar o Direito, essencialmente, do ponto de vista judicial (de sua interpretação e aplicação) e a situar o legislador fora do marco jurídico (como um ator mais político que jurídico); essa perspectiva é, por exemplo, a adotada pelo positivismo contemporâneo, de autores como Hart ou Raz. Outro precedente a ser mencionado é o do realismo jurídico, tanto estadunidense quanto escandinavo. Roscoe Pound, por exemplo, defendeu em alguns de seus escritos a necessidade de examinar o Direito não apenas a partir da perspectiva judicial (ou do advogado), mas também da perspectiva do legislador; um aspecto importante do trabalho de Llewellyn foi sua contribuição para a elaboração do "*Uniform Commercial Code*". E, do lado do realismo escandinavo, Alf Ross dedicou vários capítulos de seu grande trabalho *On law and justice* à produção legislativa do Direito, que ele chamava de

---

de la legislación. Espanha: Universidad Castilla La Mancha, 2003. (Tese de Doutorado).

"política jurídica". Creio, porém, que se pode afirmar que, tanto no caso dos realistas americanos quanto dos escandinavos, a produção do Direito considerada como uma tarefa política que estava fora do campo de estudo da Ciência Jurídica. Assim, por exemplo, para Ross, "método jurídico" era apenas um sinônimo de interpretação do Direito (no contexto de sua aplicação); e as grandes escolas estadunidenses de Direito (Harvard, Yale etc.) foram organizadas para formar profissionalmente juízes e advogados.

Finalmente, outro precedente importante da teoria da legislação atual pode ser encontrado no movimento de codificação europeu que surge a partir do século XVIII e que, como se sabe, contribuiu para moldar um dos traços característicos – o mais característico – dos sistemas jurídicos de tipo continental. Entretanto, a ideia clássica de codificação pressupõe um conceito de lei, de legislação, que difere significativamente da produção legislativa que tem lugar nas sociedades contemporâneas. De acordo com a terminologia da Laporta,[93] tratar-se-ia da lei que caracteriza o Estado garantidor, mas não o Estado promotor e protetor ou o novo Estado regulador. Consequentemente, a técnica legislativa da codificação não pode ser, dessa forma, uma técnica adequada para nossos órgãos legislativos, pelo menos por estas duas razões. A primeira é que a codificação se baseia na ideia da imutabilidade das leis, isto é, a lei é vista como um dado necessário, não como algo que poderia ser de uma forma ou de outra, que poderia ter um ou outro conteúdo. Como Irti escreve: "o direito de propriedade, liberdade contratual, sucessão *mortis causa* são instituições perenes, às quais os códigos acrescentam a tutela do poder do Estado, mas que não podem suprimir nem modificar".[94] E a segunda razão (vinculada, na verdade, com a anterior) é que as

---

93 LAPORTA, Francisco. "Teoría y realidad de la legislación: una introducción general". *In*: MENÉNDEZ, Aurelio Menéndez (Coord.). *La proliferación legislativa*: un desafío para el Estado de derecho. Madri: Civitas, 2003, pp. 29-88.

94 IRTI, Natalino. *L'età della decodificazione*. 2ª ed. Milão: Giuffrè, 1999, p. 7.

leis – o Direito – são vistas como instrumentos necessários para que cada um, cada indivíduo, possa alcançar seus próprios fins, mas não como normas que estabelecem, sugerem ou orientam certos fins (essa seria a noção contemporânea de lei: a da "era da decodificação").

Em outras palavras, as normas jurídicas (reguladoras) da época da codificação seriam basicamente regras de ação, com a exclusão das normas de fim.[95] Além disso, é importante levar em conta que, como Tarello[96] destacou anos atrás, a codificação e a constitucionalização do Direito (por constitucionalização, ele entende a configuração da relação entre os detentores do poder político e aqueles submetidos ao poder como uma relação jurídica) determinam uma situação, um tipo de cultura jurídica, na qual a atividade do jurista é considerada como uma atividade técnico-cognoscitiva e não prático-valorativa; ou seja, a partir de então, o jurista se considera e é considerado por outros como um técnico e não como um político.

Como consequência, pode-se dizer que o pensamento jurídico dos últimos dois séculos tendeu a considerar as leis como um dado fixo, com um ponto de partida, e não como um produto para cuja elaboração deveria contribuir. Compreende-se, portanto, que a Teoria Geral e as diversas dogmáticas tenham tratado do fenômeno da legislação quase exclusivamente no capítulo sobre as fontes do Direito. Tratava-se de estudar a lei como um tipo peculiar – e fundamental – de norma jurídica, mas não a atividade legislativa como tal. O problema do "método jurídico", por exemplo, dizia respeito às operações relacionadas com a interpretação e aplicação do Direito. O método de legislar (deixando de lado questões de natureza formal ou procedimental: a regulamentação do "*iter* legislativo") e o conteúdo da legislação seriam questões pertencentes ao campo da

---

95 Sobre os conceitos de norma regulativa e norma de fim, ver ATIENZA, Manuel; RUIZ MANERO, Juan. *Las piezas del Derecho*. Barcelona: Ariel, 1996.

96 TARELLO, Giovanni. *Storia della cultura giuridica moderna*. Bolonha: Il Mulino, 1976.

política ou da ética. Aqui, é muito importante ressaltar, mais uma vez, que a ciência moderna do Direito (em contraste com a ciência jusnaturalista) é uma ciência que não constrói seu objeto, mas que já o encontra dado. É precisamente por isso que o positivismo pode ter a pretensão de construir uma teoria exclusivamente descritiva do Direito. E é também por isso que o fato de a concepção positivista do Direito não ter elaborado uma teoria da legislação não pode ser visto exatamente como uma deficiência do positivismo, mas sim como uma consequência inevitável de assumir seus pressupostos: o contraste entre a esfera da política (regida, em todo caso, pela teoria moral) que produz o objeto de estudo, o Direito positivo, e a esfera da reflexão jurídica propriamente dita, que pressupõe a primeira. Como resultado, a argumentação legislativa não poderia ser considerada como um tipo de argumentação jurídica, pois não é uma argumentação levada a cabo por profissionais do Direito.

Mas, como já afirmei, existem outras razões de caráter prático que explicam por que os teóricos do Direito (e, em geral, os juristas) têm desconsiderado o raciocínio legislativo. Em poucas palavras, o discurso justificativo ligado à produção de normas jurídicas através de assembleias políticas é muito mais complexo do que aquele realizado pelos órgãos judiciais. Para analisar a justificação feita por um juiz, é possível dar atenção e se limitar ao texto de sua decisão, mas a discussão legislativa é geralmente muito mais aberta e menos estruturada. Ou seja, a argumentação judicial acontece dentro de limites relativamente estritos, o que facilita sua análise e avaliação, mas esse normalmente não é o caso da argumentação de caráter legislativo. Também por isso, as ferramentas conceituais desenvolvidas nas últimas décadas pela teoria da argumentação jurídica não são capazes de abordar a argumentação legislativa.

§ 25 Juízes e legisladores: o contexto institucional

As diferenças que existem entre o contexto da produção legislativa e o da aplicação judicial do Direito e, portanto, entre a figura do legislador e a do juiz, são um bom ponto de partida para o estudo da argumentação legislativa. Mostrarei, a seguir, de maneira esquemática, algumas dessas diferenças, com vistas à construção de tipos ideais (no sentido weberiano) das figuras do juiz e do legislador moderno e que, portanto, distanciam-se em certa medida das instituições judiciais e legislativas realmente existentes; poderíamos até mesmo falar, em alguns âmbitos, de uma certa tendência à desdiferenciação das funções judiciais e legislativas ou à criação de órgãos um tanto híbridos. Mas isso não anula, creio, a utilidade do modelo. As diferenças podem ser observadas a partir de diversos pontos de vista.

a) Do ponto de vista daqueles que argumentam, a partir de seu *status* normativo, os juízes são funcionários independentes; não são responsáveis politicamente; desempenham sua função de forma estável; e são especialistas no assunto sobre o qual são chamados a decidir, especialistas em Direito.

Os legisladores, ao contrário, representam os interesses de algum setor ou classe social ou, em outras palavras, os interesses gerais encarados a partir da perspectiva de uma certa ideologia; eles não são independentes em relação à instituição – os partidos políticos – na qual estão integrados e sua "carreira profissional" depende da influência que possam ter dentro dessa organização e, em geral, na opinião pública; e desempenham sua função de forma ocasional, sem a obrigação de terem uma formação específica para esse fim. É compreensível, portanto, que os deveres considerados específicos para o exercício de cada função sejam consideravelmente distintos. Do político, do legislador, espera-se coerência ideológica, e, quase sempre, disciplina (em relação à instituição, ao partido político do qual é membro) e a capacidade de levar a bom termo objetivos que não são essencialmente estabelecidos por ele (embora ele possa ter interferido em sua elaboração).

O "código de ética" do legislador não poderia ser composto (como no caso dos juízes) pelos princípios de imparcialidade, independência e de obrigação de motivar suas decisões. De fato, não se pede aos legisladores que se coloquem acima das partes, mas que realizem de maneira eficaz um trabalho de uma determinada "parte" (nesse sentido, eles estão mais próximos dos advogados do que dos juízes). Tampouco que sejam independentes tal como o juiz, que deve tomar suas decisões exclusivamente com base no Direito estabelecido (e com independência de outros poderes estatais): o legislador deve antes considerar o Direito – dentro dos limites estabelecidos pela Constituição, pela moral etc. – como um instrumento para atingir fins sociais, externos – ou relativamente externos – ao Direito. E também não tem a obrigação de justificar suas decisões, ou, pelo menos, não parece existir uma obrigação semelhante a dos juízes: em geral, justificativa para isso é que, em um sistema democrático, aqueles que estabelecem as regras – os legisladores – possuem uma legitimidade de origem (são eleitos através de procedimentos democráticos) que falta aos juízes; a "representação popular" que os jurados encarnam é também a razão pela qual, em geral, os jurados também não têm a obrigação (o caso do júri espanhol é uma exceção) de justificar suas decisões.

b) Do ponto de vista da composição e da organização das respectivas instituições, o Judiciário e os órgãos legislativos, a situação também é muito diferente. Os juízes atuam como órgãos unipessoais ou no contexto de órgãos coletivos – tribunais – compostos por poucos membros. A organização do Judiciário está concebida de tal forma que, pelo menos na maioria das vezes, o consenso pode ser alcançado pela via deliberativa: contribuem, para tal, a homogeneidade de seus membros, a hierarquia do aparelho judiciário, a existência de um sistema de recursos ou a elaboração de doutrinas que (ainda que com fissuras – votos dissidentes – e mudanças esporádicas) uniformizam as opiniões. Os juízes, em geral, não possuem a iniciativa acerca das questões sobre as quais devem se pronunciar. Ao contrário, as legislaturas modernas são órgãos muito numerosos, em que não se espera de seus membros um contato tão próximo quanto os existentes dentro de um órgão do Poder Judiciário; e seu tamanho também faz com que a deliberação legislativa, a argumentação, tenha um grau de rigidez e formalidade desnecessário em outros contextos:[97] a questão está estabelecida de maneira estrita (aprovar ou não um determinado texto), as intervenções são limitadas, e assim por diante.

Tal como escreveu Waldron, os órgãos legislativos são concebidos para administrar as divergências, isto é, não há "pressão institucional" que os leve necessariamente a buscar, por assim dizer, um acordo "genuíno", mas são demandados a chegar a acordos "razoáveis", uma vez que esses acordos versam sobre questões sobre as quais aqueles que deliberam têm – ou representam – interesses conflitantes. Portanto, o que se busca não pode ser um simplesmente consenso com base em um "discurso racional", mas sim um compromisso através da negociação (embora, naturalmente, a negociação deva ocorrer dentro de certos limites: ou seja, o discurso racional, no sentido habermasiano, ou algumas de suas regras, estabelece limites à negociação para que ela possa ser considerada legítima). Em todo caso, não se espera que um órgão legislativo – exceto em situações relativamente excepcionais – produza opiniões uniformes; para tomar um exemplo significativo, a unanimidade do Congresso e do Senado dos EUA sobre as propostas legislativas do presidente Bush após o 11 de setembro foi vista (e com razão) como um indício de mau funcionamento das instituições parlamentares. Finalmente, os órgãos legislativos – ao contrário do Judiciário – têm um poder

---

97 Ver WALDRON, Jeremy. *Law and disagreement*. Oxford: Oxford University Press, 1999.

de iniciativa muito amplo para escolher as questões sobre as quais deliberar e decidir.

Isso não implica, é claro, que a "racionalidade" legislativa esteja em um nível inferior em relação à judicial. O que se quer afirmar é que se trata de uma racionalidade distinta (mais complexa) por razões de caráter institucional; em outras palavras, as finalidades características de cada instituição determinam um certo tipo de organização interna e de meios capazes de atingir essas finalidades. O problema que surge, portanto, é o de como articular essa ideia da diversidade de racionalidades com a da "unidade da razão prática". Uma solução possível (que, com alguma ambiguidade, é adotada, por exemplo, por Alexy, inspirado em Habermas)[98] seria esta: existem as regras da argumentação prática *geral*, e, logo, as regras da argumentação jurídica (digamos, judicial ou legislativa) que seriam desenvolvimentos, *especificações*, das anteriores: vem daí a tese do *caso especial*. As regras de cada uma dessas instâncias (a legislação ou a aplicação judicial do Direito) não podem entrar em contradição com as do discurso prático *geral*: se – e na medida em que – o fizerem, isso implica uma perda de racionalidade.

Penso, no entanto, que os diferentes contextos de ação, empreendimentos racionais, ou como quer que sejam chamados (o Direito, a ciência, a moral, a arte, os negócios etc.), determinam que em cada um deles se apliquem diversas "regras do jogo" (uma delas seria o jogo do discurso crítico racional) e que essa diversidade pode implicar em algum grau de contradição entre as respectivas regras. A unidade ocorre se for possível – ou enquanto for possível – justificar racionalmente (de acordo com as regras do discurso crítico racional) a existência desses outros jogos. As regras do discurso crítico racional não são uma espécie de "superjogo" que contenha, em uma forma muito abstrata, todas as regras dos

---

98 Ver ATIENZA, Manuel. *Las razones del Derecho*: teorías de la argumentación jurídica. Madri: Centro de Estudios Políticos Constitucionales, 1991.

outros jogos: elas se aplicam a essa esfera de atividade humana e também justificam a existência ou não de outras esferas de atividade (sua importância particular deriva dessa questão). Para concluir, porém, digamos que uma coisa é que a discussão parlamentar esteja justificada de acordo com essas regras, e outra é que cada uma das regras do "jogo parlamentar" seja vista como uma especificação das regras do discurso racional habermasiano.

Uma consequência dessas diferenças institucionais é que se pode fazer uma distinção, e com fundamento, entre problemas cuja resolução requer (ou recomenda) um tratamento legislativo, e aqueles que seria melhor confiar à ação judicial.[99] O campo da bioética oferece muitos exemplos em que a existência de mudanças aceleradas em questões científicas e técnicas, a necessidade de critérios de conveniência ou de levar em conta circunstâncias que não podem ser previstas com antecedência etc. podem tornar recomendável uma via judicial em vez de uma via legislativa para resolver tais problemas; o surgimento de comitês de ética responde, de fato, a essa necessidade.[100] Do ponto de vista dos tipos de argumentação

---

99 Ver HART, Henry M.; SACKS, Albert M. *The legal process basic problems in the making and application of law*. EUA: Foundation Press, 1994.

100 Baron vê as seguintes vantagens na criação judicial do Direito em comparação com a de caráter legislativo (ele está pensando no contexto do *common law* e, em particular, do Direito estadunidense): *1*) os juízes têm que motivar suas decisões; *2*) eles carregam um "fardo" maior para mostrar a correção da decisão, uma vez que as regras que criam se aplicam retroativamente; *3*) eles estão livres da pressão pela reeleição que pesa sobre os legisladores; *4*) eles não podem se recusar a decidir casos sobre os quais possuem jurisdição; *5*) eles criam o Direito caso a caso, não em abstrato; *6*) as normas criadas respondem às características do problema que lhes deu origem; *7*) os juízes têm que assumir a responsabilidade pelas consequências que sua decisão pode produzir; *8*) a criação do Direito tem lugar dentro de um contexto dialético (o processo de tipo acusatório) no qual participam, além dos juízes, também juristas, advogados, estudantes de Direito etc. (BARON, Charles H. "Decisioni di vita o di morte.

característicos de uma ou outra instância, poderíamos afirmar o seguinte. No caso dos juízes, o modelo básico é o da subsunção, o raciocínio de natureza classificatória: trata-se de determinar se certos fatos se enquadram ou não na descrição – no suporte fático – de uma norma e, portanto, se certas consequências jurídicas devem ou não ser adjudicadas a eles. Isso, naturalmente, implica a realização de diversas operações (determinar que tais fatos aconteceram, resolver como certas expressões presentes nas normas devem ser interpretadas etc.) que às vezes podem ser extremamente complexas. Mas essas últimas situações, pode-se dizer, ocorrem apenas em situações excepcionais: o modelo de tomada de decisão judicial (e a motivação – justificação – da decisão) baseia-se em uma redução drástica da complexidade (Luhmann), para a qual contribui a orientação para o passado e para as normas vigentes.

Ao contrário, no caso da legislação, o modelo típico de argumentação obedece sobretudo ao que, desde Aristóteles, tem sido chamado de "silogismo prático" ou "raciocínio prático": dado um objetivo a ser alcançado, deve ser mostrado se ou até que ponto tal objetivo prevalece sobre outros e quais os meios (as normas jurídicas) que melhor o satisfariam. A decisão (e a argumentação) é, portanto, mais complexa e aberta aqui: ela é orientada para o futuro e para a realização de certos estados de coisas, o que a torna dependente de fatores causais que não podem ser fixados de forma normativa: em outras palavras, não se trata simplesmente de fazer o que é estabelecido como obrigatório ou não fazer o que é estabelecido como proibido; a realização de certos objetivos (certos estados de coisas), respeitando certas limitações, implica também um grau de discricionariedade (na seleção dos meios e na modelagem dos fins) que não existe na argumentação de tipo classificatório ou que é a característica do raciocínio judicial.

Giudici vs. legislatori come fonti del diritto". *Ragion Pratica*, nº 19, 2002, pp. 131-147).

O terceiro dos modelos básicos de raciocínio jurídico é a ponderação. A "ponderação" pode ser entendida como o processo (e o raciocínio relacionado a ele) de passar dos princípios às regras. É possível distinguir várias fases nesse tipo de raciocínio. A primeira é a constatação de que, em uma dada situação, existem princípios, valores, que tensionam em sentidos opostos e que precisam ser ajustados de alguma forma: isto é, não podem ser todos satisfeitos ao mesmo tempo, ou não totalmente. Na segunda fase, determina-se uma prioridade de tal ou qual princípio sobre outro, dadas certas circunstâncias, e explicitam as razões para tal decisão. Finalmente, constrói-se uma regra que implica a tradução dessa prioridade em termos deônticos. Mas existem, por sua vez, dois tipos básicos de ponderação. Em um deles, a atividade de priorização consiste essencialmente em construir uma taxonomia, isto é, em identificar propriedades relevantes para construir casos genéricos e determinar sob que conjunto de propriedades (em que caso) deve prevalecer o que é exigido por um princípio (um valor) ou por outro; por exemplo, diante do choque entre o valor da privacidade e o da liberdade de expressão, a ponderação poderia concluir estabelecendo a regra de que, se for uma questão de informações sem relevância pública, o valor da privacidade prevalece. Mas há outro tipo de ponderação em que a atividade central é a de *concretizar* um determinado fim, levando em conta os limites estabelecidos por outros fins e valores e escolhendo os meios adequados para alcançar o fim em questão. Por exemplo, para alcançar o fim de facilitar o acesso à moradia, pode-se estabelecer a medida, a regra, de conceder empréstimos em condições especialmente favoráveis, por exemplo, aos jovens, mas somente se eles não possuírem uma renda acima de um certo limite e se usarem a casa como residência habitual, entre outros condicionantes.

Entretanto, este último tipo de ponderação requer sempre grandes doses de discricionariedade (no lugar dos jovens, pode-se pensar no objetivo de favorecer, por exemplo, os migrantes) e, por essa razão, parece que deve permanecer fora do escopo da ação judicial.

A argumentação caracteristicamente judicial é uma argumentação baseada em regras que, portanto, exclui, pelo menos em princípio, a ponderação. Esta última forma de argumentação (e limitada ao primeiro tipo de ponderação) só pode desempenhar um papel importante no caso de Tribunais Superiores.

c) Finalmente, do ponto de vista dos critérios de avaliação dos argumentos (e como consequência, na realidade, do exposto acima), a argumentação judicial parece visar, pelo menos como ideia reguladora, à obtenção da resposta correta ao caso, e a coerência (não no sentido de mera coerência lógica) parece ser um critério essencial de se alcançar para tal objetivo.

Entretanto, em relação à legislação, não faz sentido falar de uma única resposta correta, pois dificilmente se poderia dizer que tal lei (com um determinado conteúdo, estrutura etc.) fosse a única possível, a lei correta. Legislar envolve sempre o exercício da discricionaridade. É justamente por essa razão que o Tribunal Constitucional é frequentemente criticado (porque estaria agindo como legislador) quando emite uma sentença "interpretativa", ou seja, quando impõe que uma lei deve ser interpretada de certa forma e sobre a qual caberiam outras interpretações que também seriam constitucionais, porque, ao fazê-lo, estaria exercendo uma discricionariedade tipicamente legislativa.

E a coerência não é um critério importante, ou é muito menos importante do que em relação às decisões judiciais. Naturalmente, se a coerência é definida em um sentido amplíssimo e equivalendo simplesmente à racionalidade,[101] ou seja, como "dar sentido" ou "fazer sentido", então, tanto as decisões judiciais (sentenças) como as decisões legislativas (leis) têm que ser coerentes, elas têm que fazer sentido. Mas, com isso, ficam diluídos aspectos muito importantes

---

101 WINTGENS, Luc. *The justification of legislation - an introduction to legisprudence, a new theory of legislation*. Bruxelas: Université Libre de Bruxelles, 1993. (Tese de Doutorado em Filosofia).

do discurso justificativo do legislador e do juiz. Vejamos essa questão com certo detalhe.

a) Pode-se argumentar, a favor de uma não diferença qualitativa entre a justificação realizada pelo legislador e pelo juiz, que o primeiro também tem que "seguir normas": normas constitucionais.[102] Creio, porém, que esse argumento esquece duas coisas importantes. A primeira é que a Constituição está formada essencialmente por princípios, e não por regras. Seguir razões não peremptórias (princípios) não é o mesmo que seguir razões peremptórias (regras). A diferença essencial é que, no primeiro caso, "seguir" realmente equivale a deliberar, enquanto, no segundo caso, "seguir" tem um significado bem diferente, se não contrário: seguir um curso de ação sem necessidade de deliberar (embora haja exceções ou casos em que a distinção possa não ser tão clara). A segunda coisa de que se esquece é que aquilo que o legislador e o juiz buscam são objetivos muito diferentes e, assim, também suas atitudes em relação ao Direito: a atitude do juiz é certamente o ponto de vista interno, "moral": o fim do juiz é o cumprimento, a realização do Direito; a atitude do legislador, no entanto, não é a de *cumprir* com o Direito, mas *usar* Direito para alcançar fins sociais (fins externos).

b) Essa diferença de atitude (do tipo de justificação) é percebida precisamente quando legisladores e juízes têm que decidir sobre o mesmo problema. O caso recente da lei espanhola sobre partidos políticos é um bom exemplo.

A discussão legislativa tinha como pressuposto (digamos, como condição de possibilidade) o caráter constitucional da medida que se tentava estabelecer. Mas o centro da discussão (pelo menos

---

102 WINTGENS, Luc. *The justification of legislation - an introduction to legisprudence, a new theory of legislation*. Bruxelas: Université Libre de Bruxelles, 1993. (Tese de Doutorado em Filosofia).

a partir de um certo ponto, quando se buscou um acordo entre os dois partidos majoritários) não estava no fato de a medida ser ou não constitucional, mas em argumentos sobre se a lei alcançaria ou não os objetivos pretendidos; se também surgiriam outros efeitos não intencionais e indesejados (ou não declarados); se os objetivos seriam alcançados a um custo aceitável; se surgiriam ou não problemas com sua aplicação, e assim por diante. Trata-se, portanto, de questões de conveniência, que são, por essência, passíveis de gradação e que parecem excluir a reivindicação de uma única resposta correta. Porém, as coisas se simplificam quando a questão chega ao Tribunal Constitucional. Ali, a única coisa que cabe discutir é se certos conteúdos dessa lei contradizem ou não determinados artigos da Constituição. As questões de conveniência não cumprem nenhum papel, ou apenas um papel marginal. E o mesmo – ou mais – poderia ser dito em relação à decisão da Suprema Corte ao aplicar a lei (uma vez declarada constitucional): aqui, trata-se apenas de determinar se tal partido político ou agrupação política cumpre ou não os requisitos estabelecidos pela lei para ser declarado ilegal.

Precisamente, as críticas dirigidas à lei e aos tribunais têm consistido (e sem entrar em detalhes sobre sua pertinência), em grande medida, em denunciar uma confusão de papéis. O legislador é acusado de ter atuado como um juiz: ao estabelecer uma "jurisprudência única", ele estaria, de certa forma, aplicando a "única resposta correta" que o ordenamento jurídico, tal como o legislador o compreende, estabelece para o caso de um partido político – Herri Batasuna e seus sucessores – que apoia o terrorismo. Ou seja, não estaria legislando, e sim "adjudicando". E os juízes são acusados de terem se comportado como legisladores: o Tribunal Constitucional, porque determina que tal inciso da lei é constitucional, mas somente se for interpretada de certa forma (o que significa que é ele quem estabelece a norma); e a Suprema Corte porque, quando tem que estabelecer os critérios que devem guiar a decisão de estabelecer se um agrupamento eleitoral é ou não um "sucessor" de tal partido político, ele também estaria agindo com a discricionariedade característica de um legislador.

c) A diferença também é muito evidente quando se observam os diferentes tipos de perguntas a que as justificativas judiciais e legislativas devem responder. Como Wintgens aponta, os "deveres" de justificação do legislador consistem em dar respostas a perguntas como: por que esta lei e não outra ou nenhuma? Por que agora? Qual deve ser o conteúdo da lei para que se alcance tal finalidade? Entre outras tantas. Pois bem, parece claro que o tipo de perguntas judiciais é muito diferente: por que tal fato deve ser considerado como provado? Por que a tal norma ou enunciado se atribui determinado significado? Entre muitas outras.

d) Naturalmente, o que se pretende dizer com isso não é que não existam critérios de correção na argumentação legislativa, mas que eles não coincidem exatamente com os da justificação judicial. E, em particular, que a coerência desempenha, em relação à argumentação legislativa, um papel muito menor, como veremos logo adiante. A razão para tal certamente deriva do fato de que a coerência é basicamente um critério "conservador", integrador, que olha para o próprio sistema (para o sistema jurídico), enquanto a legislação é essencialmente inovadora, no sentido de que pressupõe, como já foi dito, a utilização do Direito para alcançar certos fins sociais. A conformidade com o ordenamento jurídico (com a Constituição) é um pressuposto, mas não a razão de ser da legislação. A coerência estabelece certos limites, mas a correção de uma decisão legislativa não depende apenas disso, mas também de certos requisitos para o conteúdo e a forma da lei.

Em outro lugar defendi a tese de que a racionalidade legislativa poderia ser vista como uma estrutura articulada em cinco níveis, aos quais foi acrescentado uma espécie de nível de metarracionalidade: o nível da razoabilidade.[103] Dessa forma, teríamos o nível

---

103 ATIENZA, Manuel. *Contribución a una teoría de la legislación*. Madri: Civitas, 1997.

de racionalidade linguística, no qual o emissor (o editor) deve ser capaz de transmitir fluentemente uma mensagem (a lei) ao receptor (o destinatário); o da racionalidade jurídico-formal, pois a lei deve ser inserida harmoniosamente em um determinado sistema jurídico; o pragmático, pois a conduta dos destinatários teria que se adaptar ao que está previsto na lei; o teleológico, pois a lei teria que atingir os fins sociais almejados; o ético, pois as condutas prescritas e os fins das leis implicam valores que teriam que ser suscetíveis de justificação ética; e o da razoabilidade, entendida como a exigência de que haja um equilíbrio, uma ponderação, quando se trata de obter os fins acima mencionados: o sacrifício de qualquer um desses fins (se não totalmente, pelo menos em alguma medida) tem que ser feito a um custo razoável. A correção de uma decisão legislativa depende, portanto, de que o conteúdo e a forma da lei sejam claros, sistemáticos (coerentes, mas no sentido de consistentes), eficazes, efetivos, axiologicamente adequados e eficientes.

§ 26 Concepções da argumentação

O ponto acima mostra que deve haver certas diferenças entre a argumentação legislativa e a argumentação judicial, mas as diferenças também não podem implicar uma separação absoluta. Tanto a produção legislativa quanto a aplicação judicial são instâncias, âmbitos, da argumentação jurídica, e esta última, por sua vez, é um tipo de argumentação prática, destinada à justificação de um curso de ação (e que pode incluir, como fragmentos, elementos, argumentos de caráter teórico). Assim, se tanto a discussão de uma lei (no parlamento ou nos meios de comunicação) quanto a motivação de uma decisão judicial são tratadas como argumentação, é porque, em ambos os casos, trata-se de uma atividade – ou o resultado de uma atividade – que tem a linguagem como seu veículo; que surge como consequência de algum problema para cuja solução a argumentação contribui; que consiste em certas unidades básicas, os argumentos, nos quais se podem distinguir premissas e conclusões (enunciados das quais se parte e enunciados a que se chega); e que podem ser avaliados de acordo com certos critérios que permitem classificar os argumentos (e argumentação) como válidos, sólidos, persuasivos, falaciosos, entre outras possibilidades.

Além disso, no Direito – e, talvez, em geral – não há uma forma única de entender a argumentação. Os elementos anteriores podem ser interpretados de pelo menos três maneiras diferentes e, portanto, pode-se falar, em minha opinião,[104] de uma concepção formal, uma concepção material e uma concepção pragmática da argumentação.

A concepção formal (exemplo paradigmático, mas não o único: o da lógica dedutiva padrão) vê a argumentação como uma série de enunciados sem interpretação (no sentido de que o conteúdo de verdade ou a correção das premissas e da conclusão é abstraído); responde ao problema de se, a partir de enunciados (as premissas) construídos de uma determinada forma, pode-se passar a outro (a conclusão) a partir de outra forma distinta; os critérios de correção são dados pelas regras de inferência; e o que ela fornece são esquemas, formas, dos argumentos. Tais esquemas não precisam ser considerados como apenas dedutivos: um argumento pode ter uma forma indutiva, probabilística, abdutiva, entre outros exemplos. Mas a dedução cumpre, por assim dizer, um papel de "modelo", porque: *a*) nos argumentos dedutivos, se as premissas são verdadeiras, então a conclusão será também necessariamente verdadeira, ou seja, nelas, a forma – a forma lógica – é o único critério de controle (enquanto que, nos outros tipos de argumentos, a correção ou solidez dos argumentos também depende de outros critérios); *b*) os argumentos não dedutivos podem sempre se tornar dedutivos se certas premissas forem agregadas a eles, de modo que esquemas dedutivos podem ser utilizados – pelo menos em certa medida – como mecanismos de controle: em que medida a premissa que falta para que tal argumento,

---

104 Ver ATIENZA, Manuel. *Derecho y argumentación*. Bogotá: Universidad Externado de Colombia, 1997; ATIENZA, Manuel. *El sentido del Derecho*: Barcelona: Ariel, 2000.

por exemplo, um raciocínio analógico, seja dedutivamente válido é plausível?

Para a concepção material, o essencial não é a forma dos enunciados, mas o que torna os enunciados verdadeiros ou corretos (os fatos naturais, sociais ou institucionais aos quais se referem); responde às questões sobre em que devemos acreditar ou o que devemos fazer, e, portanto, consiste essencialmente em uma teoria das premissas: dos motivos para acreditar em algo ou para realizar o ter a intenção de realizar alguma ação; seu critério de correção não podem, portanto, ter uma caráter puramente formal: o essencial consiste em determinar, por exemplo, sob que condições um tipo de razão prevalece sobre outro; e esses critérios não são regras de inferência no sentido da lógica formal, mas, como as regras do método científico, dependem de como o mundo é (ou como deve ser). As obras de Dworkin, Raz, Nino ou Summers são exemplos desse tipo de concepção.

Finalmente, a concepção pragmática vê a argumentação como um tipo de atividade (uma série de atos de linguagem) destinado a persuadir uma audiência ou interagir com outro ou outros para chegar a um acordo sobre qualquer problema teórico ou prático; o sucesso da argumentação depende de que a persuasão ou o acordo com o outro realmente ocorra, respeitando certas regras. Enquanto na concepção material (e na concepção formal) a argumentação pode ser vista em termos individuais (uma argumentação é algo que um indivíduo pode fazer isoladamente), na concepção pragmática, a argumentação é necessariamente uma atividade social. Há duas abordagens possíveis dentro concepção pragmática. Uma delas é a retórica, centrada na ideia de persuadir um público que, na argumentação, assume um papel basicamente estático. E a outra é a da dialética, na qual a argumentação ocorre entre participantes (proponente e oponente) que assumem um papel dinâmico: há uma interação constante entre eles. De certa forma, é a distinção que se faz entre uma racionalidade paramétrica e uma racionalidade estratégica. A concepção sobre a argumentação de Perelman e Toulmin representam, respectivamente, o ponto de vista retórico e dialético.

§ 27 A argumentação legislativa

Trata-se, então, de conectar essas três concepções de argumentação com as características da legislação, para poder encontrar respostas às três grandes perguntas que o estudo da argumentação legislativa levanta: como analisar a argumentação legislativa? Como avaliá-la? Como argumentar no contexto da legislação? As duas primeiras operações acontecem *ex post* e podem se referir tanto ao produto quanto à atividade argumentativa. A terceira é *ex ante*.

a) Como analisá-la

Como afirmei anteriormente, a análise da atividade legislativa que consiste em argumentar parece exigir um esquema mais complexo do que o da argumentação judicial. O motivo é simples. Quando se trata de analisar uma argumentação judicial, o foco não é a discussão que possa ter ocorrido entre os vários membros do tribunal (ou na cabeça do juiz), mas, geralmente, toma-se como objeto de análise o resultado desse processo de argumentação: um texto estruturado de uma certa forma; o importante é o que conta para fins de recursos, entre outras questões. É comum, nesse caso, utilizar como esquema de análise a distinção entre justificação interna e justificação externa: a justificação interna é aquela de caráter lógico dedutivo. Mas também é possível utilizar diagramas de setas,[105] que não anulam a distinção feita acima, mas tentam apresentá-la em um modelo analiticamente mais rico. A ideia fundamental é representar através de uma flecha a relação "ser um motivo – um argumento – a favor de", e através de uma fecha de duas linhas caso for um

105 Ver ATIENZA, Manuel. *Derecho y argumentación*. Bogotá: Universidad Externado de Colombia, 1997.

argumento dedutivo. O uso de letras maiúsculas permite diferenciar os diversos atos de linguagem que podem ocorrer em um processo argumentativo: afirmar, negar, supor, questionar. E as minúsculas combinadas com números representam conteúdos proposicionais. Uma justificação judicial sempre terá uma seção – a última – de natureza dedutiva: essa seria a justificação interna. Mas para chegar até aí, há muitas outras etapas – a justificação externa – que podem não ser dedutivas por natureza: ou seja, o que nos permite passar de uma afirmação para outra são razões (a favor ou contra uma certa tese) de natureza mais frágil, que oferecem um apoio inconclusivo.

No caso da legislação, o peso da argumentação não está tanto no documento resultante (a exposição de motivos da lei seria o equivalente da motivação da sentença), mas na atividade, no processo para chegar até lá. A análise da atividade legislativa de argumentação requer, portanto, algum esquema dinâmico (interativo) que dê conta da existência de diversos atores que realizam diversos movimentos (atos de linguagem de caráter argumentativo) em diversos momentos.

Como, por outro lado, a legislação pode ser vista como um processo complexo no qual várias fases podem ser identificadas – pré-legislativa, legislativa e pós-legislativa – a análise pode se referir a todas as fases ou apenas a algumas delas.

Se nos concentrarmos na argumentação da fase legislativa (aquela que ocorre dentro da assembleia: por exemplo, uma vez que o Conselho de Ministros tenha aprovado um determinado projeto de lei), a primeira pergunta a ser feita é: de que tipo de discussão (estamos dentro da concepção pragmática da argumentação) se trata? E a resposta, em minha opinião, é que essa argumentação, na prática, dista bastante do modelo de discussão crítica ou da “teoria do discurso”, no sentido que autores como Habermas ou Alexy dão à expressão. Não pode, portanto, ser analisada como se fosse uma discussão em que as partes seguem as regras da discussão racional, simplesmente porque não é assim que funciona. Não é verdade, por exemplo, que cada uma das partes se sinta obrigada a responder as objeções feitas à sua tese pela outra parte (o que ocorre, com frequência, é que as questões que possam ser ou pareçam ser inconsistentes são eludidas); nem se pressupõe, tampouco, que o princípio de sinceridade, de universalidade ou de evitar equívocos no uso da linguagem seja a regra. Contra isso, talvez se possa argumentar que a opinião pública ou a audiência que testemunha a argumentação exerce uma pressão para que o debate assuma os aspectos de uma discussão que esteja de acordo com o modelo do discurso racional. Mas me parece que esse não é um argumento convincente. Por um lado, porque essa pressão é, muito frequentemente, insuficiente ou apenas inexistente. E, por outro lado – acima de tudo –, porque, como apontei anteriormente, parece-me errado afirmar que, em todos os contextos de ação, a argumentação deva seguir as mesmas pautas. Isso, a propósito, não significa que a teoria do discurso não desempenhe um papel importante na argumentação legislativa. Não contribui muito em termos da análise a que me refiro agora, mas tem um certo poder explicativo e justificativo. García Amado destacou que a teoria do discurso (o modelo de racionalidade que ele chama de procedimental ou pragmático) exige: *1*) em termos das condições do legislador (importância de que a legislação eleitoral atenda a certos requisitos, por exemplo, em relação ao financiamento dos partidos políticos); *2*) em termos do exercício da legislação (os regulamentos parlamentares teriam que garantir, por exemplo, que aqueles que decidem possuam informações adequadas, que a apresentação e a discussão de emendas seja adequadamente regulamentada etc.); e *3*) em termos do resultado, da lei (v. gr., as diretrizes da técnica legislativa deveriam evitar, por exemplo, a proliferação de normas em branco, cláusulas totalmente abertas).

Na minha opinião, a análise da argumentação legislativa (na fase legislativa, mas certamente pode ser generalizada às outras duas) pode ser realizada a partir de dois níveis ou perspectivas distintas.

No primeiro, o objetivo seria dar conta do processo de discussão e, portanto, implicaria partir de um esquema que distinguisse as diferentes fases da discussão, as diferentes questões em discussão em cada fase e a atitude (de aceitação, de rejeição etc.) de cada parte, juntamente com as razões apresentadas para tal. Insisto, não pode ser um esquema do tipo da lógica dialógica formalizada por Lorenzen ou Rescher, pois aqui falta o tipo de continuidade que caracteriza um diálogo e que é garantida pela aceitação de certas obrigações por parte dos participantes. Um esquema poderia ser este:

Fases	Questões	Atitudes		Razões	
		X	Y	X	Y
1					
2					
3	a	a, F	a, C	R	R'
	b	b, F	b, C	R	R'
	c	c, F	c, F	R	-
4					

Ou seja, seria necessário distinguir, por exemplo, várias fases:[106] uma fase de abertura, uma de confronto, uma de desenvolvimento do argumento e uma quarta fase de fechamento. Na fase de desenvolvimento, seriam identificadas três questões (nas quais o esquema de racionalidade legislativa acima mencionado deveria desempenhar um papel: poderia ser uma questão de caráter linguístico, sistemático etc.). Supondo que o debate se limite a dois intervenientes (*X* e *Y*), é possível – como se indica no esquema – que eles tenham atitudes diferentes em relação *a* e *b*, mas estejam de acordo (sejam favoráveis)

106 Ver VAN EEMEREN, Frans H.; GROOTENDURST, Rob. *Speech acts in argumentative discussions*: a theoretical model for the analysis of discussions directed toward solving conflicts of opinion. Berlim: De Gruyter, 1984.

com o que *c* representa. Finalmente, cada um deles terá exposto suas razões para assumir uma atitude a favor (*F*) ou contra (*C*) tal tese (*Y* não apresenta nenhuma razão a favor de *c*, porque nesse aspecto ele não difere de *X*).

O segundo plano de análise implica que, em vez da atividade completa da argumentação, seleciona-se um pedaço dela: a que leva a cabo um interveniente em um determinado momento do debate. Para essa análise, pode-se utilizar um diagrama de setas como o mencionado acima, no qual se representem: o fluxo da argumentação; os diversos atos de linguagem realizados (interrogação, suposição, afirmação etc.); o conteúdo proposicional de cada um deles; e os argumentos propriamente ditos: as razões para sustentar, negar etc., um determinado conteúdo proposicional.

Como em qualquer outro tipo de argumentação (por exemplo, uma argumentação judicial) o início e o fim são marcados por um problema (por exemplo: uma nova lei com o conteúdo ... deve ser promulgada?) e a resposta correspondente (sim; não). O que a singulariza é o tipo de questão que a argumentação tenta, em sua essência, responder. No caso da argumentação judicial, pode ser uma questão processual (o procedimento adequado foi seguido?), de jurisdição (o órgão perante o qual se apresenta a questão é competente?), de prova (o fato *H* pode ser aceito como provado?), de interpretação (a declaração *E* deve ser entendida no sentido *E**?). No caso da argumentação legislativa, essas questões são determinadas pelos fins e valores que caracterizam a legislação como uma atividade racional. Novamente, pode-se utilizar aqui a distinção entre os cinco níveis de racionalidade e um sexto nível transversal aos demais. A argumentação legislativa pode ser considerada como uma atividade destinada a dar respostas às dúvidas que surgem em relação a esses diferentes níveis de racionalidade e, por esse motivo, de fato, é possível elaborar uma tipologia de argumentos legislativos a partir das seguintes perguntas: *1*) a lei em questão possui uma forma linguisticamente adequada, ou seja, sua comunicabilidade está garantida? *2*) ela é sistemática, ou seja, não cria lacunas ou contradições?

3) ela é eficaz, ou seja, pode-se esperar que ela seja cumprida por aqueles a quem se dirige? *4*) ela é efetiva, isto é, é capaz de alcançar seus objetivos? *5*) ela é axiologicamente adequada (de acordo com os princípios constitucionais e outros critérios morais relevantes)? e *6*) ela é eficiente, ou seja, alcançará os objetivos anteriores a um custo satisfatório? Creio que, pelo menos, uma grande parte dos argumentos que têm lugar no contexto de uma discussão legislativa pode se relacionar com essas seis questões, isto é, são argumentos sobre adequação linguística, sobre sistematicidade, sobre eficácia, sobre efetividade social, sobre justiça ou sobre a eficiência da lei (ou de algum aspecto da lei).

b) Como avaliá-la?

Avaliar uma argumentação envolve julgá-la com base em certos critérios de correção que permitem distinguir entre bons argumentos, maus argumentos e argumentos falaciosos, e atribuir-lhes um maior ou menor peso justificativo ou efeito persuasivo. A avaliação das argumentações (assim como sua análise) tem características um tanto distintas, conforme sejam argumentações da fase pré-legislativa (antes do assunto entrar em um órgão jurídico formal, por exemplo, no parlamento), legislativa ou pós-legislativa,[107] e conforme sejam elaboradas pelos próprios órgãos legislativos, pelos cidadãos através dos meios de comunicação, pelos dogmáticos do Direito... Deixando de lado essa complexidade, e falando em termos gerais, parece claro, como vimos acima, que os critérios não podem ser os mesmos utilizados na argumentação judicial, por uma série de razões. Resumindo o que vimos anteriormente:

1) As decisões judiciais são fechadas, no sentido de que o juiz geralmente é convocado a escolher entre duas opções somente, por isso seu caráter bivalente (condenação/absolvição; declaração de propriedade em favor de *X* ou *Y* etc.); e estão orientadas

---

107 Ver ATIENZA, Manuel. *Contribución a una teoría de la legislación*. Madri: Civitas, 1997.

para a obtenção de uma única resposta correta. As decisões legislativas são abertas, no sentido de que raramente se pode dizer que uma lei com tal estrutura e conteúdo é a única possível: aqui, o campo das decisões justificáveis está, portanto, muito mais aberto.

2) Os critérios para a correção das decisões judiciais são essencialmente internos ao Direito: as decisões judiciais se orientam para o sistema jurídico, razão pela qual a coerência cumpre um papel tão importante. No caso da legislação, as decisões estão orientadas para o sistema social e a coerência, portanto, desempenha um papel residual: é um critério de correção que opera – poderíamos dizer – em sentido negativo, como um limite.

3) A argumentação judicial obedece essencialmente a um esquema classificatório, em que os problemas são: se um evento *h* ocorreu; se *h* pertence à classe dos *H*; como a classe dos *H* é definida; quais são as consequências de *h* pertencer a *H*. A correção é algo que se baseia nas respostas dadas a perguntas deste tipo.

Mas na argumentação legislativa, em que predominam os esquemas meio-fim e de ponderação, as perguntas (e as respostas corretas a elas) são outras: como descrever um estado de coisas considerado problemático (por exemplo, a taxa de acidentes de trânsito); como explicar a situação (por que os acidentes ocorrem); que medidas devem ser tomadas (para minimizar o número de acidentes e vítimas); que fins devem ser alcançados (existem outros fins além da segurança?); qual é o ajuste razoável entre esses diversos fins.

Pois bem, alguém poderia dizer que, apesar de tudo, os esquemas de raciocínio (por exemplo, aqueles que têm validez dedutiva) são sempre os mesmos, de modo que, da perspectiva da concepção formal da argumentação, não haveria diferença com relação à argumentação judicial. Mas isso não funciona assim. As peculiaridades antes mencionadas significam que o raciocínio judicial assume certas formas típicas (silogismo subsuntivo, argumento *a pari*, contrário, *ad absurdum*...) que podem não ser as mesmas do raciocínio legislativo.

Assim, uma classificação usual dos argumentos consiste em distinguir os argumentos dedutivos de outros, como aqueles baseados, por exemplo, em conexões de causalidade: estes últimos (talvez os mais comuns nos contextos legislativos) obedecem a esquemas de caráter indutivo. E no famoso tratado de Perelman e Olbreeht-Tyteca, *A nova retórica*, os chamados "argumentos quase-lógicos" (nos quais estaria incluída a maioria das técnicas argumentativas judiciais) se opunham, entre outros, aos "argumentos baseados na estrutura do real" em que aparecem, entre outros, aqueles baseados em nexos causais, o argumento pragmático, o argumento meio-fim etc., que seriam os mais caracteristicamente legislativos.

De uma perspectiva material, as diferenças com relação aos critérios de avaliação da argumentação judicial e legislativa consistem essencialmente no seguinte. A argumentação judicial busca a justificação de uma decisão tomada (em geral) em relação a um caso concreto e em relação a normas previamente estabelecidas (se não totalmente, pelo menos em grande medida) e, portanto, a avaliação (respeitando os critérios formais) remete-se aos critérios elaborados na teoria do processo, da prova (quando se justifica considerar que um fato ocorreu), da validez (quais normas baseadas na fonte são ou não aceitáveis como material normativo), da interpretação, entre outras. Em contraste, a argumentação legislativa visa justificar (ou rejeitar) normas gerais que serão aplicadas no futuro (a argumentação judicial é mais orientada para o passado) e que (normalmente) contemplam casos genéricos. Para chegar a essa justificação, como disse antes, é necessário mostrar que o conteúdo e a estrutura da lei possuem as características de comunicabilidade, sistematicidade, eficácia, efetividade, adequação axiológica e eficiência. Esses critérios (essas razões) variam em importância e força, dependendo da fase em questão (pré-legislativa, legislativa ou pós-legislativa), e estão estruturados entre si (por exemplo, os axiológicos têm precedência sobre os demais, no sentido de que, essencialmente, estabelecem limites aos outros; os critérios de eficiência têm um caráter transversal). Mas, em todo caso, referem-se a teorias que, ao contrário das anteriores, têm uma conexão maior com as ciências sociais

(Sociologia, Psicologia Social, Análise Econômica do Direito etc.) e uma maior complexidade.

Finalmente, do ponto de vista da perspectiva pragmática, as diferenças também são notáveis. Por um lado, no caso da argumentação judicial, o aspecto dialético costuma permanecer oculto (o juiz é o árbitro da dialética que ocorre entre os advogados ou entre o advogado e o promotor, mas não participa dela "por dentro"); embora, no caso de votos dissidentes, possam aparecer vestígios dessa dialética interna. Os aspectos retóricos são de grande importância: a motivação judicial visa persuadir os diferentes públicos aos quais se dirige: as partes, seus advogados, os juízes dos Tribunais Superiores, a comunidade jurídica, a opinião pública; e é avaliada de acordo com sua capacidade de persuasão. Mas, de qualquer maneira, o que tem mais peso (pelo menos da perspectiva das obrigações profissionais do juiz) é que sua decisão esteja justificada (de uma perspectiva formal e, acima de tudo, material) mesmo que não seja persuasiva.

No caso da argumentação legislativa, a questão, de certo modo, inverte-se. O aspecto dialético (na fase legislativa) é, pelo menos aparentemente, muito explícito, mesmo que os concorrentes não estejam totalmente em pé de igualdade: no debate parlamentar, há um presidente que garante que certas regras formais sejam observadas, mas o fato de ele pertencer a um dos grupos em disputa significa que seu papel não é totalmente identificável com o do juiz que dirige o debate entre as partes; além disso, os árbitros do debate (que intervêm não apenas votando a favor ou contra, mas também "pressionando" de várias maneiras ao longo do debate) são, quase por definição, parciais: sua atitude agora não é nada parecida com a dos juízes que devem decidir uma disputa. Assim como nos tribunais, o confronto de posições entre as partes é resolvido por meio de uma votação, mas aqueles que votam não são obrigados a justificar seu voto, e não apenas podem adotar uma atitude de "parcialidade" ativa, como, frequentemente (no funcionamento real das assembleias parlamentares), a possibilidade de alguém ser convencido por um argumento de um representante de uma força política adversária já está excluída de antemão. Além disso (e embora a distinção entre discussão em comissões e em plenário seja relevante aqui), o normal é que os árbitros do debate, aqueles que decidem mediante votação, geralmente não sejam especialistas na área; às vezes, sequer se poderia dizer que eles têm uma ideia razoavelmente bem fundamentada do que estão votando (e, portanto, dos argumentos que estão apoiando ou rejeitando).

Em relação aos aspectos retóricos da argumentação legislativa, um elemento interessante a se destacar é que o poder de persuasão não se exerce apenas (e, muitas vezes, nem mesmo fundamentalmente) no interior da assembleia, mas também de dentro da assembleia para fora, para a opinião pública: quem deve ser convencido é, principalmente, o eleitor, e para atingir esse objetivo, não raramente são utilizados slogans propagandísticos, nos quais o elemento da argumentação racional e crítica é reduzido ao mínimo. Esses elementos de "irracionalidade" são – pelo menos em princípio – mais restritos no caso da argumentação judicial, pois aqui existe uma pressão institucional a favor da justificação material das decisões (justificação de acordo com o Direito), mesmo que elas não sejam persuasivas aos olhos da opinião pública.

Em resumo, o funcionamento da política empurra a argumentação legislativa em uma direção que às vezes tem pouco a ver com a argumentação que caracteriza o discurso crítico racional: o acordo com outras forças políticas, grupos de interesse etc. é obtido principalmente através de negociação; e a aceitação dos eleitores pode ser resultado do uso de técnicas publicitárias em vez de argumentos de caráter "racional". De certa forma, uma consequência dessa situação é a tendência de identificar a principal arena para o exercício da razão prática em nossas sociedades não no parlamento, mas nos Tribunais Superiores, nos Tribunais Constitucionais.[108] Naturalmente, é ingênuo pensar que nos Tribunais Superiores ou constitucionais não existem, por sua vez, fatores que os distanciem

108 Ver RAWLS, John. *El liberalismo político*. Barcelona: Crítica, 1996.

decisivamente – em sua composição, funcionamento real etc. – do que seria uma encarnação da "comunidade ideal de diálogo" ou da menos idealizada "razão pública" de Rawls; e, como destaquei anteriormente, a racionalidade legislativa não é apenas diferente da racionalidade judicial, senão que mais complexa e impossível de ser configurada segundo modelos excessivamente idealizados, como o do discurso racional habermasiano. Mas a tendência mencionada talvez mostre que as democracias contemporâneas têm tido mais sucesso na construção de instituições judiciais do que de instituições legislativas. É uma situação que parece contrastar com a que Aristóteles aludiu quando, no início da *Retórica*, argumentou que, dos três gêneros discursivos (o deliberativo, o judiciário e o epidítico), o primeiro é o que deve ser considerado superior "porque é mais nobre e o mais próprio dos cidadãos". E também com a abordagem de Cícero, que não deu muita atenção ao gênero deliberativo, aparentemente porque eram os discursos que ocorriam perante o Senado, onde não haveria muito espaço para a persuasão irracional. A questão é, portanto, de como projetar, no contexto de nossas sociedades complexas, instituições representativas (democráticas) nas quais a deliberação alcance níveis satisfatórios.

c) Como argumentar no contexto da legislação

Finalmente, a questão de como argumentar para justificar a criação, a modificação ou a revogação de determinada lei (ou de determinado aspecto de uma lei) não pode ser respondida de forma geral, sem levar em conta qual fase da produção legislativa está em discussão, quem e em que contexto se argumenta: um publicista em um meio de comunicação, um cientista social, um jurista (um dogmático do Direito), um político no parlamento, entre outras possibilidades.

Em relação à argumentação parlamentar, frente à assembleia, o esquema tradicional da retórica (adaptado às circunstâncias de um órgão legislativo moderno) continua sendo, em minha opinião, o melhor ponto de partida. Esse esquema se articula em torno de dois eixos.[109] O primeiro é a distinção de várias fases ou operações na produção do discurso (oral ou escrito): *intelectio*, *inventio*, *dispositio*, *elocutio*, *memoria* e *actio*. O outro consiste em distinguir diversas partes do discurso: *exordium*, *narratio*, *argumentatio* e *peroratio*. O esquema obedece sobretudo ao gênero judicial da retórica, mas, com certas adaptações, vale também para a retórica deliberativa; por exemplo, em relação à *inventio*, a operação – central – de encontrar e decidir o que deve ser dito, parece clara a necessidade de levar em conta as peculiaridades do tipo de questão ou problema que a necessidade de argumentar produz: como vimos anteriormente, as "questões legislativas" são de natureza diferente das questões judiciais. Por outro lado, o esquema, a arte da retórica, visa persuadir um público, mas isso não significa que ele não seja útil também em contextos dialéticos, isto é, quando se argumenta diante de alguém ou de algumas pessoas que não são simplesmente receptores de uma mensagem, mas que desempenham um papel ativo na argumentação. E, naturalmente, o esquema pode integrar os elementos de natureza formal (esquemas característicos de argumentação legislativa) e material (razões a favor da comunicabilidade, sistematicidade etc.) aos quais se fez referência acima.

A argumentação legislativa levada a cabo pelo dogmático de Direito tem características diferentes da anterior, que derivam da situação peculiar em que o jurista se encontra: ele é um especialista na matéria e não está vinculado às "leis da política" que afetam o parlamentar. No entanto, essa vantagem é em certa medida contrabalançada pela orientação para a interpretação e a aplicação do Direito que caracteriza os dogmas tradicionais, a tendência de separar o estudo "dogmático" de um problema de seu estudo sociológico, a ideologia a partir da qual se propõe como as leis devem ser é uma questão política, não uma questão jurídica, e assim por diante. Por exemplo, como Díez Ripollés apontou, parece claro que a teoria do delito, no Direito Penal, é um esquema que facilita a

---

109 Ver ALBALADEJO, T. *Retórica*. Madri: Síntesis, 1991.

argumentação em contextos judiciais, mas não há nada semelhante em relação à argumentação legislativa.[110] É claro que a argumentação de natureza legislativa que um dogmático elabora não pode esquecer os aspectos pragmáticos e formais, mas o foco deve ser a argumentação material, a argumentação destinada a justificar os aspectos linguísticos, sistemáticos etc., que uma lei deve ter. Essa teoria da legislação (da racionalidade legislativa) é a contrapartida da teoria da aplicação e interpretação, mas também é importante não esquecer que existe apenas uma racionalidade jurídica; isto é, deve haver uma certa conexão entre a racionalidade que entra em jogo na produção e na aplicação de regras, o que não é difícil de mostrar: por exemplo, existe um claro paralelismo entre os critérios de racionalidade que têm sido repetidamente mencionados e os cânones tradicionais da interpretação (para a aplicação das normas): linguísticos, sistemáticos, históricos, teleológicos e valorativos. Além do mais, no esquema que recuperei acima, a ordenação dos níveis de racionalidade é feita *in abstracto*, seguindo uma ordem de complexidade crescente; mas é razoável pensar que na elaboração de um trabalho de dogmática legislativa (na medida em que não se trata fundamentalmente de analisar ou avaliar, mas de propor uma lei com determinados conteúdos), essa ordem deva ser invertida (ou alterada):[111] começa-se debatendo sobre quais objetivos a lei deve almejar e se estes se justificam; depois, sobre que meios objetivos e subjetivos (sanções) devem ser utilizados para alcançá-los; sobre qual sistematização a lei deve ter para ser completa e consistente; e, finalmente, sobre como seus artigos devem ser redigidos.

---

110 DÍEZ RIPOLLÉS, José Luis. *La racionalidad de las leyes penales*. Madri: Trotta, 2003.

111 Ver DÍEZ RIPOLLÉS, José Luis. *La racionalidad de las leyes penales*. Madri: Trotta, 2003.

CAPÍTULO VII

UM MODELO DE ANÁLISE DA ARGUMENTAÇÃO LEGISLATIVA

§ 28 Introdução. Análise de dois casos legislativos

Em uma série de artigos publicados a partir dos anos de 1980, e posteriormente reunidos em uma única obra, apresentei um modelo para a análise da legislação que pode ser resumido nas duas tabelas às quais me referirei a seguir. A primeira mostra como o processo de produção das leis pode ser entendido como uma série de interações que ocorrem entre elementos distintos: editores, destinatários, sistema jurídico, fins e valores; e que dão origem a diferentes níveis de racionalidade: linguística, sistemática, pragmática, teleológica e axiológica.[112] E a segunda sugere uma análise externa de caráter dinâmico do processo legislativo (como as noções de racionalidade se combinam para explicar esse processo) na qual é feita uma distinção entre uma fase pré-legislativa, uma legislativa e uma pós-legislativa, cada uma das quais é delimitada por dois extremos que marcam o

---

112 Ver o gráfico da página 54.

início e o fim do processo e que, no esquema, é representado por operações intermediárias.[113]

Depois disso, há pouco mais de uma década, fiquei interessado em conectar essa concepção da legislação com a argumentação jurídica: a teoria da legislação com a teoria da argumentação. Propus, então, um modelo de análise da argumentação legislativa (entendida como aquela que ocorre no interior dos parlamentos) a partir da distinção de dois níveis ou perspectivas. O primeiro buscava captar o processo de argumentação por meio de um esquema que engloba as várias fases da discussão, as diferentes questões levantadas em cada fase, as atitudes de cada um dos participantes (basicamente, de aceitação ou rejeição) e as razões apresentadas a favor ou contra. A segunda implicava a seleção de um fragmento dessa complexa atividade: a argumentação levada a cabo por um dos intervenientes em relação a uma das questões levantadas.

Agora, meu objetivo é tentar desenvolver um pouco mais o esquema anterior a partir da análise de dois "casos legislativos" tomados da experiência do parlamento espanhol. E verificar se esse estudo "empírico" nos permite chegar a alguma conclusão que possa ser considerada de interesse tanto para a teoria da legislação quanto para a teoria da argumentação jurídica.

§ 29 Uma modificação da lei do aborto

O primeiro dos casos de argumentação legislativa que examinarei aqui se refere à Lei Orgânica n. 11/2015 *para fortalecer a proteção das jovens e mulheres com capacidade judicialmente modificada na interrupção voluntária da gravidez*. Um motivo para a escolha dessa lei é que ela (sua discussão parlamentar) já foi objeto de uma

---

113 Ver o gráfico da página 64.

análise detalhada por Daniel Oliver-Lalana,[114] de forma que isso pode permitir algum tipo de comparação entre dois métodos de análise e avaliação da argumentação legislativa. Desde já, esclareço que o método que vou propor só difere realmente do de Oliver-Lalana na medida em que pretende ser mais simples que o seu, muito mais simples; o que talvez não seja irrelevante. E outro motivo é que se trata de uma lei muito especial, não só porque contém apenas dois artigos, mas também porque, na (extensa) discussão parlamentar à qual deu origem, houve uma circunstância que simplifica bastante as coisas, pois o que aconteceu foi realmente um debate entre duas partes: por um lado, os parlamentares do Partido Popular, defensores da lei em questão; e, por outro lado, os demais parlamentares que, embora pertencentes a partidos políticos de diversas tendências ideológicas, opunham-se à aprovação da lei, utilizando argumentos que eram não só semelhantes, mas, diria, essencialmente coincidentes.[115] Além do mais, em minha análise, parti da discussão que ocorreu no plenário do Senado espanhol em 9 de setembro de 2015,[116] mas não acho que teria que mudar nada (ou nada de importante) se as discussões anteriores no Congresso e na comissão do Senado fossem agregadas a ela.

---

114 OLIVER-LALANA, A. Daniel. "Mejores y peores argumentaciones legislativas: un enfoque para evaluar la justificación parlamentaria de las leyes". *Convegno la motivazione delle leggi, Anais*. Milão: Università degli Studi di Milano, Dipartimento Cesare Beccaria, abr. 2017.

115 Creio que a única exceção sejam algumas declarações de alguns representantes do Partido Nacionalista Basco e da Convergència i Unió que, em todo caso, não contribuem em nada do ponto de vista argumentativo, ou seja, não introduzem novos argumentos no debate. E quanto às coincidências, existem, obviamente, algumas diferenças de ênfase (e de retórica), mas eu diria que todos aqueles que se opuseram à aprovação da lei concordariam com a síntese de argumentos que agora vou apresentar.

116 ESPANHA. Cortes Generales. "Senado, X Legislatura". *Diario de Sesiones*, 09 set. 2015. Disponível em: https://www.senado.es/legis10/publicaciones/pdf/senado/ds/DS_P_10_171.PDF. Acessado em: 15.08.2022.

A lei a que me refiro deriva de uma anterior, a Lei Orgânica 2/2010 sobre saúde sexual e reprodutiva e a interrupção voluntária da gravidez (a lei do aborto), que havia sido aprovada durante um período de governo socialista e que em seu art. 13.4 estabelecia o seguinte:

> No caso de mulheres de dezesseis e dezessete anos, o consentimento para a interrupção voluntária da gravidez corresponde exclusivamente a elas, de acordo com o regime geral aplicável às mulheres maiores de idade. Pelo menos um dos representantes legais, pai ou mãe, pessoas com autoridade parental ou tutores das mulheres dessa faixa etária, deverá ser informado da decisão da mulher. Essa informação ao represente legal será dispensada quando a menor alegue, de maneira fundamentada, que isso lhe causará um conflito grave, com perigo certo de violência doméstica, ameaças, coerção, maus-tratos ou uma situação de expulsão ou desamparo.[117]

O Partido Popular apresentou um recurso de inconstitucionalidade contra essa lei, que afetou não apenas esse artigo, mas muitos outros. Assim, no programa eleitoral com o qual se candidatou às eleições de 2011 (e que ganhou com grande maioria de votos), incluiu uma modificação bastante radical na regulamentação legal do aborto. Fato que, por sua vez, explica porque o ministro da Justiça do governo do Partido Popular, Ruiz Gallardón, tentou executar esse ponto do programa através de um projeto de lei que, entre outras coisas, suprimiu o sistema de prazos estabelecido em 2010. Mas ele não teve sucesso e se viu obrigado a retirar o projeto (e, como consequência, a se demitir) devido à forte oposição que encontrou na opinião pública. O novo projeto de lei (aquele que nos interessa neste momento) limitou as mudanças aos dois artigos seguintes, que formam seu conteúdo normativo:

---

117 ESPANHA. "Ley Orgánica 2/2010, de 3 de marzo, de salud sexual y reproductiva y de la interrupción voluntaria del embarazo". *Boletín Oficial del Estado*, nº 55, 04 mar. 2010. Disponível em: https://www.boe.es/eli/es/lo/2010/03/03/2. Acessado em: 15.08.2022.

Artigo primeiro. Modificação da Lei Orgânica 2/2010, de 3 de março, sobre saúde sexual e reprodutiva e a interrupção voluntária da gravidez.

Suprime-se o parágrafo 4º do art. 13, o qual fica sem conteúdo.

Artigo segundo. Modificação da Lei 41/2002, de 14 de novembro, lei básica reguladora da autonomia do paciente e dos direitos e obrigações em matéria de informação e documentação clínica.

Altera-se o parágrafo 5º do art. 9º, que passa a ter a seguinte redação:

Parágrafo 5º. A prática de ensaios clínicos e a prática de técnicas de reprodução humana assistida são regidas pelas disposições gerais sobre a maioridade civil e pelas disposições especiais de aplicação.

Para a interrupção voluntária da gravidez de menores de idade ou pessoas com capacidade judicialmente modificada é necessário, além da manifestação de sua vontade, do consentimento explícito de seus representantes legais. Nesse caso, os conflitos que surgirem quanto ao consentimento dos representantes legais deverão ser resolvidas de acordo com as disposições do Código Civil.[118]

---

118 A regulamentação anterior dizia o seguinte: "*Art. 13. Requisitos comuns*. Os seguintes requisitos são necessários para a interrupção voluntária da gravidez: *Primeiro*. Que seja realizado por um médico especialista ou sob sua direção. *Segundo*. Que seja realizado em um centro de saúde público ou privado credenciado. *Terceiro*. Que seja realizado com o consentimento expresso por escrito da gestante ou, quando for o caso, de seu representante legal, de acordo com as disposições da Lei 41/2002, Lei Básica Reguladora Autonomia do Paciente e de Direitos e Obrigações em matéria de informação e documentação clínica. O consentimento expresso pode ser dispensado no caso previsto no art. 9.2. *b* da lei supracitada. *Quarto*. No caso de mulheres de dezesseis e dezessete anos, o consentimento para a interrupção voluntária da gravidez é exclusivamente seu, de acordo com o regime geral aplicável às mulheres maiores de idade. Pelo menos um dos representantes legais, pai ou mãe, pessoas com autoridade parental ou tutores das mulheres dessa faixa etária, deverá ser informado da decisão da mulher. Essa informação ao

Para abordar os argumentos daqueles que se opuseram a essa lei (à sua aprovação), parece-me que o modelo de cinco racionalidades legislativas que defendi em trabalhos anteriores é perfeitamente útil. Ou seja, os argumentos apresentados pelos parlamentares podem ser classificados sem muito esforço em uma das cinco categorias de razões que o modelo oferece: razões linguísticas, sistemáticas, pragmáticas, teleológicas e axiológicas. Os dois últimos tipos foram os que tiveram mais importância no debate; além disso, as razões não são completamente independentes entre si (veremos mais adiante). Mas, de forma sintética, acho que eles poderiam ser representados da seguinte forma:

a) A lei não satisfaz os requisitos de racionalidade linguística. O preâmbulo afirma que a lei quer garantir que as jovens de 16 e 17 anos "sejam *acompanhadas*" por seus representantes legais em situações de vital importância para elas, como no caso de aborto, e que a regulamentação da lei de 2010 (que havia modificado uma lei de 2002) havia aberto "a possibilidade de as menores de idade poderem consentir por conta

represente legal será dispensada quando a menor alegue, de maneira fundamentada, que isso lhe causará um conflito grave, com perigo certo de violência doméstica, ameaças, coerção, maus-tratos ou uma situação de expulsão ou desamparo" (Lei Orgânica 2/2010, de 3 de março, sobre saúde sexual e reprodutiva e interrupção voluntária da gravidez), e "*Art. 9. Limites do consentimento informado e consentimento por representação* (...) '5. A prestação do consentimento por representação deve ser adequada às circunstâncias e proporcional às necessidades a serem atendidas, sempre em favor do paciente e com respeito à sua dignidade pessoal. O paciente deve participar, tanto quanto possível, da tomada de decisões durante todo o processo de assistência à saúde" (Lei 41/2002, de 14 de novembro, lei básica reguladora da autonomia do paciente e de direitos e obrigações em matéria de informação e documentação clínica). Texto original disponível em: ESPANHA. "Ley Orgánica 2/2010, de 3 de marzo, de salud sexual y reproductiva y de la interrupción voluntaria del embarazo". *Boletín Oficial del Estado*, nº 55, 04 mar. 2010. Disponível em: https://www.boe.es/eli/es/lo/2010/03/03/2. Acessado em: 15.08.2022.

própria, *sem sequer informar seus pais*" (grifo nosso). Mas, na realidade, a lei de 2010 só permitia isso em casos muito extraordinários (quando houvesse uma situação de violência, expulsão ou desamparo), de maneira que aquilo que a nova lei transmite é falso ou, no mínimo, enganoso.

b) A lei não satisfaz os requisitos de racionalidade sistemática. Por dois motivos:

1) *Procedimentais* Na tramitação da lei, foi adotado um procedimento irregular (fraudulento), pois em vez de ser apresentada como um *projeto de lei*, ela foi apresentada como uma *proposição de lei*,[119] simplesmente para evitar a solicitação de pareceres (eventualmente desfavoráveis) a órgãos como o Conselho de Estado;

2) *Substantivas*. A regulamentação é contraditória, pois as jovens, de dezesseis e dezessete anos, não estão autorizadas a decidir sobre a interrupção de uma gravidez indesejada, mas são consideradas capazes de assumir a responsabilidade por um filho; a nova medida também contradiz outros aspectos do sistema jurídico espanhol que permitem que jovens dessa faixa etária se casem ou sejam responsabilizadas criminalmente (podem cometer delitos e serem punidas por isso). Além disso, não é apropriado equiparar jovens de dezesseis e dezessete anos de idade com aquelas com capacidade judicialmente modificada.

c) A lei não satisfaz os requisitos de racionalidade pragmática. O artigo 2º da lei não estabelece um procedimento específico para resolver conflitos que possam surgir entre as jovens e seus representantes legais (os casos em que a lei anterior não exigia

---

119 A Constituição espanhola diferencia o *proyecto de ley* da *proposición de ley*. A diferença básica reside no órgão que apresenta cada um deles. Os *proyectos de ley* são unicamente apresentados pelo Governo, enquanto as *proposiciones de ley* são apresentadas pelo Congresso. (N.T.).

que estes últimos fossem informados). Quando surgirem conflitos desse tipo, será preciso recorrer à jurisdição civil, mas esse é um procedimento lento e, portanto, ineficaz (na prática, ele ultrapassaria o limite de tempo em que uma mulher pode decidir livremente interromper sua gravidez).

d) A lei não satisfaz os requisitos de racionalidade teleológica, por diversos motivos:

1) A lei anterior teve um efeito positivo em geral, pois tanto o número de abortos quanto o número de gestações indesejadas diminuíram durante sua vigência, conforme atestam diversos estudos estatísticos. Além disso, do número total de interrupções de gravidez que foram realizadas no âmbito da aplicação da lei, apenas 3,6% dos casos ocorreram com mulheres menores de idade e, dentro desse grupo, em 87% dos casos o representante legal foi informado; ou, em outras palavras, os casos em que o representante legal não foi informado, devido a uma situação de violência, expulsão ou desamparo, representaram apenas 0,4% do número total de interrupções legais de gravidez;

2) O efeito que a lei provavelmente terá é uma desproteção das mulheres menores de idade que se encontram em situação de extrema vulnerabilidade (por exemplo, mulheres pobres, imigrantes, mulheres com famílias desestruturadas). A nova situação fará com que muitas delas recorram a clínicas clandestinas, aumentando os riscos para suas vidas e saúde;

3) O verdadeiro objetivo da nova lei não é proteger as mulheres jovens, mas servir aos propósitos eleitorais do Partido Popular; especificamente, dar satisfação ao setor mais radical do partido, na véspera das próximas eleições (aquelas realizadas no final de 2015).

e) A lei não satisfaz os requisitos de racionalidade axiológica. Também, neste caso, por diversas razões:

1) A lei não obedece a uma demanda popular. O Partido Popular não buscou o consenso. A lei não era necessária;

2) Ela restringe os direitos das mulheres; em particular, o direito à vida, à saúde, à autonomia pessoal e à não discriminação. Portanto, a lei vai de encontro ao que é defendido por muitas organizações internacionais (como o Comitê de Direitos Humanos das Nações Unidas, o Comitê sobre a Eliminação de Todas as Formas de Discriminação contra a Mulher, o Comitê dos Direitos da Criança das Nações Unidas, a Organização Mundial da Saúde);

3) Ela responde a propósitos ideológicos (religiosos, mas não busca o interesse geral.

Tudo isso poderia ser apresentado em um diagrama de setas,[120] da seguinte forma:

---

120 ATIENZA, Manuel. *Curso de argumentación jurídica*. Madri: Trotta, 2013, pp. 423 e ss.

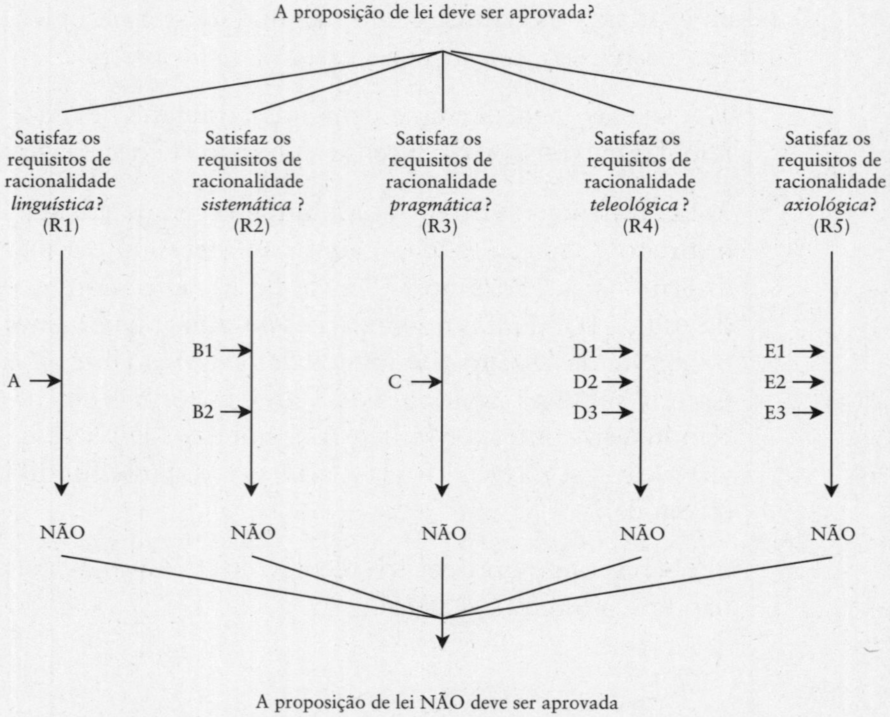

E a partir desse esquema geral, seria possível escolher alguns dos argumentos ali contidos e analisá-los com mais detalhes. Tomemos, por exemplo, o argumento D2, consequencialista, e que teve, sem dúvida, uma importância particular na discussão parlamentar. Aproveitando a análise detalhada apresentada por Oliver-Lalana,[121] e interpretando-a com certa liberdade, o argumento ficaria assim:

1. Se a reforma da lei acarretar consequências indesejáveis, então a reforma não deve ser aprovada.
2. A reforma da lei terá as seguintes consequências:

121 OLIVER-LALANA, A. Daniel. "Mejores y peores argumentaciones legislativas: un enfoque para evaluar la justificación parlamentaria de las leyes". *Convegno la motivazione delle leggi, Anais*. Milão: Università degli Studi di Milano, Dipartimento Cesare Beccaria, abr. 2017, p. 23.

2.1. Aumento de abortos clandestinos e inseguros;

2.2. Pressões e decisões forçadas para as mulheres jovens;

2.3. A continuidade de casos gravidez não desejada.

2.3.1. Pois não existem canais processuais viáveis.

3. As consequências acima são indesejáveis:

3.1. Porque 2.1 viola o direito à vida e à saúde, o dever de proteger os jovens e o direito à não discriminação (por motivos socioeconômicos);

3.2. Porque 2.2 viola o princípio de autonomia e da não discriminação;

3.3. Porque 2.3 viola o princípio de autonomia.

4. Portanto, a reforma não deve ser aprovada.

Graficamente:

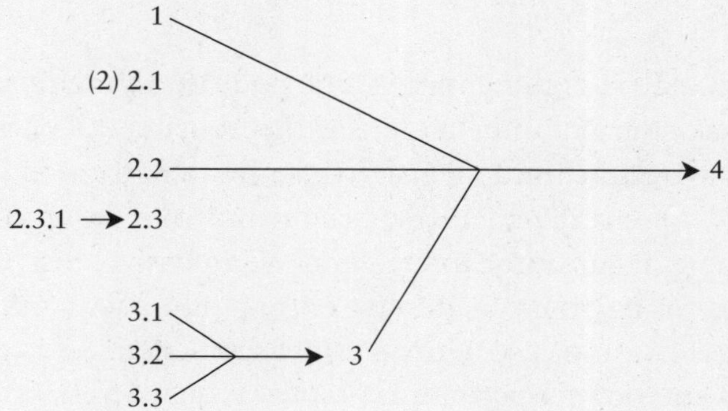

Observe que 2.3.1 é precisamente o argumento C do esquema geral; assim como 3.1, 3.2 e 3.3 correspondem a E2; e que a conclusão

(4) já está incorporada no esquema geral mencionado. Assim, voltando ao diagrama de setas, poderíamos reconfigurá-lo assim:

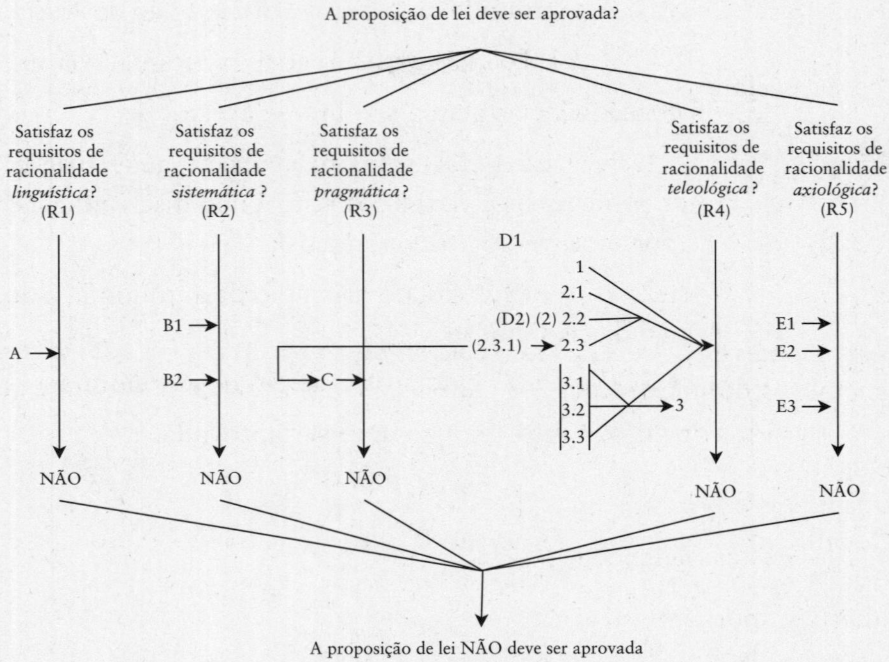

Essa análise argumentativa, que pode ser tão refinada quanto se julgue necessário, também oferece um esquema útil para a avaliação de uma argumentação legislativa, embora não em todas as suas dimensões. Quero dizer que, se aceitarmos que na argumentação jurídica (e na argumentação em geral) seja possível distinguir uma perspectiva formal, outra material e outra pragmática (com uma subdivisão, neste último caso, entre a dimensão dialética e a retórica),[122] o esquema anterior nos permitirá comprovar qual é a estrutura formal do argumento e também facilitará a tarefa de considerar se cada

122 ATIENZA, Manuel. *Curso de argumentación jurídica*. Madri: Trotta, 2013.

uma das premissas está ou não materialmente justificada (levando em conta o papel que elas desempenham na argumentação como um todo). A avaliação a partir de uma perspectiva dialética também exigiria levar em conta a argumentação do outro lado, a forma como o debate se desenvolveu em suas diversas etapas e se as regras do diálogo parlamentar, que não são as mesmas do diálogo racional habermasiano-alexyano, foram ou não cumpridas (voltarei a este assunto mais adiante). E no que diz respeito às questões de retórica, a avaliação de um argumento legislativo pode ser particularmente complexa, dadas as características do público. Ou seja, o principal destinatário do debate parlamentar não parece ser, em princípio, a opinião pública, que raramente acompanhará a discussão que ocorre nas comissões e no plenário das câmaras. Aqueles que intervêm em tais debates estão se dirigindo (pelo menos aparentemente) aos outros membros do parlamento, os quais (dado o funcionamento normal dos órgãos legislativos) simplesmente não estão dispostos a serem convencidos por argumentos diferentes daqueles apresentados por membros de seu próprio grupo político (ou de outros com os quais formaram uma coalizão). Portanto, o público funciona aqui mais como uma espécie de claque, o que implica, de certa forma, que (neste importante aspecto) a discussão parlamentar talvez devesse ser considerada como parte do gênero epidítico da retórica, em vez do deliberativo.[123]

Tal característica, isto é, esse deslocamento em direção ao tipo de retórica que não procura apropriadamente persuadir, já que o discurso é essencialmente dirigido àqueles que já foram convencidos, apresenta-se muito claramente no caso em questão. O resultado da votação foi amplamente favorável à proposta de lei (145 votos a favor, 89 contra e 5 abstenções), mas há motivos suficientes para acreditar que tal resultado teve pouco ou nada a ver com o debate parlamentar propriamente dito, e sim com a composição do Senado

123 ARISTÓTELES. *Retórica*. Tradução, introdução e notas: Q. Racionero. Madri: Gredos, 1994.

na época, no qual havia uma clara maioria do Partido Popular (136 senadores). Faz pouco sentido, portanto, perguntar qual dos dois discursos (se o dos partidários da nova lei ou dos contrários a ela) foi mais persuasivo, pois o resultado era facilmente previsível para qualquer um antes mesmo da discussão. Isso não significa que uma análise retórica desses discursos careça de interesse, mas sim que esse interesse não está ligado ao que poderíamos chamar de "persuasão racional".[124]

Portanto, se estamos interessados em avaliar a qualidade dos argumentos legislativos sob uma perspectiva, digamos, "imparcial", devemos prestar atenção à estrutura dos argumentos, ao componente dialético da argumentação e, principalmente, à dimensão material da argumentação: a qualidade das razões apresentadas. E esse exame, aplicado ao nosso caso, produz um resultado que, em minha opinião, é exatamente o oposto do que a votação do Senado teria indicado. Não só os argumentos do Partido Popular são mais frágeis do que aqueles apresentados pelos grupos da oposição (aqueles representados no esquema); como, na minha opinião, todos os que foram apresentados (pelo menos na sessão do Senado a que me referi anteriormente, de 9 de setembro de 2015) não podem ser qualificados propriamente como argumentos, mas como meras falácias. As mais frequentes foram: evadir a pergunta (em que caberia incluir a opção pelo silêncio, ou seja, por não responder a um argumento, quando existiria uma obrigação – dialética – de fazê-lo), apelar para as emoções ou argumentos *ad hominem*. Apresentarei alguns exemplos dessas falácias, e para tal citarei algumas frases das intervenções do Grupo Popular Europeu naquela sessão, indicando brevemente porque são falácias. Não creio que as tenha tirado de contexto (pelo menos, não foi minha intenção), mas, de qualquer forma, indico a página do *Diário de Sessões* do Senado em que elas podem ser encontradas, a

124 Deixo de fora o que seria o discurso se seu destinatário fosse a opinião pública em geral (ou parte dela).

fim de facilitar possíveis trabalhos de revisão. Também as número, por uma questão de clareza.

Em sua primeira intervenção, a Senadora Pan Vázquez disse o seguinte:

> 1) Senhoras e senhores, subo a esta tribuna (...) para defender o direito e a opinião de uma grande maioria social que não pensa como vocês, e por isso não votaram em vocês.[125]

O fato de não terem votado neles significa que, em geral, eles não pensam como eles (como os políticos da oposição); mas a maioria da opinião pública poderia concordar com eles em algum ponto em particular. O que vale para o todo não necessariamente vale para cada uma de suas partes.

> 2) Trata-se (...) da proteção à menor de idade; trata-se da importância da decisão que eles devem tomar e do núcleo essencial dessas figuras jurídicas contempladas no art. 154 do Código Civil.[126]

Mas não se tratava disso. Ninguém havia questionado a importância da decisão, nem a necessidade de proteger as jovens. A questão era outra: quem deveria tomar a decisão e qual seria a melhor maneira de proteger os interesses das mulheres menores de idade.

---

125 ESPANHA. Cortes Generales. "Senado, X Legislatura". *Diario de Sesiones*, 09 set. 2015, p. 139. Disponível em: https://www.senado.es/legis10/publicaciones/pdf/senado/ds/DS_P_10_171.PDF. Acessado em: 15.08.2022.

126 ESPANHA. Cortes Generales. "Senado, X Legislatura". *Diario de Sesiones*, 09 set. 2015, p. 139. Disponível em: https://www.senado.es/legis10/publicaciones/pdf/senado/ds/DS_P_10_171.PDF. Acessado em: 15.08.2022.

> 3) Senhoras e senhores, esta proposta estabelece duas modificações legislativas muito concretas (...) para proteger as menores de idade (...) Esta modificação não é contrária nem contraditória com a legislação vigente.[127]

Mas na intervenção não há qualquer razão dada para provar que a lei protegerá as jovens, nem que a modificação não é contrária ou contraditória com a legislação vigente.

> 4) Senhoras e senhores, aqui não estão sendo retirados direitos. Não se pode tirar o que não existe nem nunca existiu (...) Vocês se contradizem em sua argumentação. Há grupos nesta Câmara que querem ir ainda mais longe, que apresentaram emendas e querem que a atual legislação seja modificada amplamente.[128]

Ela se refere ao fato de que, de acordo com a legislação vigente na época, as mulheres menores de idade que sofressem uma situação de violência, expulsão ou desamparo, conforme estabelecido no artigo que se pretendia suprimir, poderiam decidir interromper a gravidez sem a necessidade de informar seus representantes legais; elas "tinham o direito" de realizar essa ação, no sentido de que "podiam realizá-la", de que a lei lhes habilitava a tomar essa decisão; e essa parece ser uma forma bastante habitual de falar, de modo que, em um sentido perfeitamente compreensível da expressão, um direito foi realmente retirado (um determinado tipo de ação deixava de ser permitido). E a alegação de contradição não parece se aplicar aqui: os grupos de oposição concordaram em não alterar esse aspecto

127 ESPANHA. Cortes Generales. "Senado, X Legislatura". *Diario de Sesiones*, 09 set. 2015, p. 139. Disponível em: https://www.senado.es/legis10/publicaciones/pdf/senado/ds/DS_P_10_171.PDF. Acessado em: 15.08.2022.

128 ESPANHA. Cortes Generales. "Senado, X Legislatura". *Diario de Sesiones*, 09 set. 2015, p. 139. Disponível em: https://www.senado.es/legis10/publicaciones/pdf/senado/ds/DS_P_10_171.PDF. Acessado em: 15.08.2022.

da lei, embora pudessem discordar de outros; mas o projeto de lei se referia exclusivamente a esse aspecto sobre o qual havia acordo.

Em sua segunda intervenção, a senadora Pan Vázquez afirmou:

> 1) Senhoras e senhores, venho a esta tribuna para proteger as jovens e não para responder a insultos. Proteger as mulheres jovens quando têm que se enfrentar uma decisão importante de aborto e devolver aos pais e mães a capacidade de aconselhar e estar ao lado de suas filhas em um momento tão importante de suas vidas (...) Portanto, não há espaço para interpretações além [sic] da defesa e proteção do menor e que seus pais ou tutores sejam informados e possam aconselhá-los e acompanhá-los, se necessário, em uma situação tão dramática e excepcional.[129]

Os "pais" (que significa pais ou tutores legais como um todo) não tinham sido destituídos de sua capacidade de aconselhar e ficar ao lado de suas filhas (não há, portanto, nada para devolver-lhes); o que a lei tinha feito era tentar proteger as jovens dos pais (uma fração muito pequena deles) cuja tendência não era precisamente "aconselhar e estar ao lado de suas filhas" em tais situações.

Além do mais, a senadora tinha, sim, razões para interpretar que algumas das intervenções dos senadores contrários à nova lei haviam sido ofensivas ao Partido Popular (obviamente, uma modalidade de argumento falacioso). Como exemplo, pode-se tomar a intervenção do senador do Compromís, Sr. Mulet García:

> 1) Vocês sofrem de um mal de licantropia política. Vocês querem se vender para o público como um partido liberal,

---

129 ESPANHA. Cortes Generales. "Senado, X Legislatura". *Diario de Sesiones*, 09 set. 2015, p. 148. Disponível em: https://www.senado.es/legis10/publicaciones/pdf/senado/ds/DS_P_10_171.PDF. Acessado em: 15.08.2022.

> contemporâneo e moderno, mas quando a lua cheia aparece, vocês trazem à tona o mostro que vive dentro vocês e o nacionalismo católico mais rançoso aparece. Vocês, senhores do Grupo Popular, exalam por seus poros o pior do fundamentalismo, e não podem evitar se mostrar pelo que realmente e ideologicamente são: pura reação e caspa.[130]

> 2) Não há um pensamento único na sociedade, e somente alguns grupos querem impor seus critérios e silenciar aqueles de nós que expressam outros sentimentos e pensam de outra forma (...). É por isso que ouso dizer nesta tribuna que não só defendemos os critérios do Grupo Parlamentar Popular, mas de todas aquelas pessoas que se sentem socialistas, nacionalistas, de esquerda ou de qualquer credo ou ideologia, mas que sinceramente acreditam que uma menor de idade deve estar mais protegida quando enfrenta um assunto desta importância e que sua família, especificamente seus pais, são os que dão a ela os melhores conselhos.[131]

Poderia ser que alguém com uma ideologia socialista, nacionalista etc. concordasse com a senadora do Partido Popular, mas, neste caso, também cairiam na mesma falácia que ela: a lei não implicava uma desproteção para as mulheres menores de idade, nem promovia a preterição dos pais, como afirmado acima. E é patente que a liberdade de expressão dos parlamentares do Partido Popular, ou de qualquer pessoa que quisesse – que quis – se expressar sobre essa questão, nunca esteve em questão.

---

130 ESPANHA. Cortes Generales. "Senado, X Legislatura". *Diario de Sesiones*, 09 set. 2015, p. 140. Disponível em: https://www.senado.es/legis10/publicaciones/pdf/senado/ds/DS_P_10_171.PDF. Acessado em: 15.08.2022.

131 ESPANHA. Cortes Generales. "Senado, X Legislatura". *Diario de Sesiones*, 09 set. 2015, p. 149. Disponível em: https://www.senado.es/legis10/publicaciones/pdf/senado/ds/DS_P_10_171.PDF. Acessado em: 15.08.2022.

> 3) As famílias espanholas estão sempre presentes (...) Senhoras e senhores, vocês as privaram de participar de um assunto tão importante como o de enfrentar uma possível decisão de abortar ou não abortar.[132]

É a mesma falácia de desvio da questão ou de descrição falsa de uma realidade, cometida em 1 e 2. Mas agora ela poderia receber outro nome: a falácia da repetição de um argumento falacioso; como sabemos, uma falsidade repetida muitas vezes pode acabar parecendo verdadeira.

> 4) A melhor escola de menor de idade é a família e, por isso, acreditamos que é necessário apoiá-la.[133]

No debate, ninguém questionou a importância da família e a necessidade de apoiar as famílias e as jovens.

> 5) Senhoras e senhores, também é necessário adotar medidas que permitam enfrentar a queda da taxa de natalidade e o envelhecimento da população, assim como dar um apoio essencial à maternidade e dar reconhecimento às mulheres que decidem ter filhos.[134]

---

132 ESPANHA. Cortes Generales. "Senado, X Legislatura". *Diario de Sesiones*, 09 set. 2015, p. 149. Disponível em: https://www.senado.es/legis10/publicaciones/pdf/senado/ds/DS_P_10_171.PDF. Acessado em: 15.08.2022.

133 ESPANHA. Cortes Generales. "Senado, X Legislatura". *Diario de Sesiones*, 09 set. 2015, p. 149. Disponível em: https://www.senado.es/legis10/publicaciones/pdf/senado/ds/DS_P_10_171.PDF. Acessado em: 15.08.2022.

134 ESPANHA. Cortes Generales. "Senado, X Legislatura". *Diario de Sesiones*, 09 set. 2015, p. 149. Disponível em: https://www.senado.es/legis10/publicaciones/pdf/senado/ds/DS_P_10_171.PDF. Acessado em: 15.08.2022.

Parece óbvio que essas políticas não têm nada a ver com o conteúdo da proposta de lei em discussão.

> 6) Felizmente, senhoras e senhores, situações excepcionais e minoritárias como casos de violência (...) já estão incluídas e asseguradas em nosso sistema jurídico. (...) Vocês estão tentando fazer da exceção a regra geral, e isto é um erro em nossa opinião.[135]

Mas o argumento da oposição (C1) era que o procedimento geral estabelecido para este fim não seria eficaz, por causa de sua lentidão. E praticamente todos os parlamentares da oposição haviam insistido na natureza excepcional dessas situações de violência, expulsão ou desproteção, como vimos acima.

> 7) Como vocês podem ver, estamos preocupados com os jovens, estamos preocupados com a violência (...). Não é verdade que estejamos levando as menores a se submeterem a abortos ilegais, não é verdade. A Espanha é um Estado de Direito e os centros são procurados e inspecionados para garantir que não haja práticas clandestinas. Não tenho conhecimento de nenhum centro clandestino, mas se os senhores conhecem algum dessem centros em suas respectivas comunidades autônomas, têm a obrigação de denunciá-los. Não venham dizer que estamos levando as jovens a cometerem abortos ilegais.[136]

---

135 ESPANHA. Cortes Generales. "Senado, X Legislatura". *Diario de Sesiones*, 09 set. 2015, p. 149. Disponível em: https://www.senado.es/legis10/publicaciones/pdf/senado/ds/DS_P_10_171.PDF. Acessado em: 15.08.2022.

136 ESPANHA. Cortes Generales. "Senado, X Legislatura". *Diario de Sesiones*, 09 set. 2015, p. 149. Disponível em: https://www.senado.es/legis10/publicaciones/pdf/senado/ds/DS_P_10_171.PDF. Acessado em: 15.08.2022.

O efeito de que no futuro, como consequência da nova lei, aumente o número de abortos clandestinos e o risco para a vida e a saúde das mulheres seria resultado de uma função latente, e não explícita, da lei. Ou seja, não são efeitos declarados, mas previsíveis, que não podem ser evitados pelo simples apelo ao Estado de Direito. E como o argumento (oposição) se referia a uma situação futura, também é óbvio que o conhecimento ou não de abortos clandestinos, no presente, está fora de lugar.

> 8) O aborto não é um direito (...) repito, senhoras e senhores: vocês não tinham um compromisso com seu eleitorado quando apresentaram a lei atual, e não houve consenso nem um apoio tão majoritário como vocês alegam. Repito: 184 votos a favor e 158 votos contra.[137]

Sobre se o aborto é ou não um direito, remeto-me ao que foi dito no ponto 4 da intervenção anterior da senadora. E ainda que fosse verdade que não havia consenso em 2010, o que parece claro é que a nova lei (a lei de 2010) havia contribuído de alguma forma para pacificar a situação e, assim, gerar um consenso considerável em torno dela. Prova clara disso, de que a situação havia mudado, podia ser encontrada nas pesquisas de opinião às quais muitos dos parlamentares da oposição haviam se referido, mas não a senadora do Partido Popular. E também no que havia acontecido com o ministro Ruiz Gallardón: ele se viu obrigado a renunciar, porque a reforma que havia proposto gerou respostas contrárias da maioria da opinião pública, inclusive de muitos eleitores do Partido Popular.

A análise poderia estender-se, com resultados iguais ou muito semelhantes, aos dois discursos da outra senadora do Partido Popular

---

137 ESPANHA. Cortes Generales. "Senado, X Legislatura". *Diario de Sesiones*, 09 set. 2015, p. 150. Disponível em: https://www.senado.es/legis10/publicaciones/pdf/senado/ds/DS_P_10_171.PDF. Acessado em: 15.08.2022.

que participou do debate, Sra. De Aragón Amunárriz,[138] mas não creio que o esforço valha a pena. A conclusão, no que diz respeito à avaliação da qualidade dos argumentos a favor e contra o projeto de lei, é, em minha opinião, inquestionável para qualquer pessoa que se aproxime do debate com um mínimo de imparcialidade. Não estou afirmando que a argumentação representada no gráfico não possa ser em absoluto refutada, que não se possam apresentar razões válidas contra esses argumentos, ou contra alguns deles, e aos quais caberia atribuir maior ou menor peso. O que afirmo é que, de fato, essas objeções não ocorreram durante debate no plenário do Senado, e que não é possível identificar uma única razão que enfraqueça aquela argumentação. Mas por isso, no fim das contas, talvez não tenha sido um bom estudo de caso para abordar a questão da avaliação da argumentação legislativa. Tentemos, então, com outro exemplo.

§ 30 A lei de segurança pública

A Lei Orgânica 4/2015 de Segurança Pública apresenta algumas analogias e algumas diferenças em relação à lei anterior. Ela foi aprovada e discutida previamente no Parlamento espanhol por volta da mesma época e, portanto, também reflete a mesma conjuntura política. Nesse caso, também se tratava de modificar (mais precisamente, de substituir) uma legislação anterior estabelecida no momento de um governo socialista (a Lei Orgânica 1/1992 de Segurança Pública), e de uma lei que colocou o Partido Popular diante de todas as forças de oposição: na sessão do Congresso dos Deputados de 16 de outubro de 2014, foram apresentados nada menos que nove substitutivos do projeto de lei que havia sido apresentado pelo governo. Entretanto, neste caso, trata-se de uma lei bastante extensa (consiste, além de um longo preâmbulo, de cinquenta e cinco artigos, sete disposições

138 ESPANHA. Cortes Generales. "Senado, X Legislatura". *Diario de Sesiones*, 09 set. 2015, pp. 155-157 e 162-164. Disponível em: https://www.senado.es/legis10/publicaciones/pdf/senado/ds/DS_P_10_171.PDF. Acessado em: 15.08.2022.

adicionais: uma transitória, uma derrogatória e cinco disposições finais) que tramitou, pode-se dizer, de forma mais pausada e aberta do que a anterior, no sentido de que os temas de discussão eram diversos e a parte que propôs e conseguiu a aprovação da lei aceitou várias emendas ao texto original, embora apenas em relação a aspectos que poderiam ser considerados detalhes (por exemplo, redução de sanções, determinação de competências).

Toda a discussão na fase legislativa (no Comitê e no Plenário, tanto no Congresso quanto no Senado) é consideravelmente extensa e, em muitos aspectos, repetitiva. Há também diferenças de ênfase nos argumentos (apresentados pelos vários grupos de oposição) contrários à lei, mas acredito que o esquema anterior, o dos cinco níveis de racionalidade (ou cinco tipos de razões legislativas) pode permitir uma visão geral da discussão. As razões para ser contra a lei (ou para defendê-la) podem, também aqui, ser classificadas em razões linguísticas, sistemáticas, pragmáticas, teleológicas e axiológicas, ainda que nem todas elas, como veremos a seguir, tiveram o mesmo peso. *Grosso modo*, porém, o debate poderia ser reduzido aos seguintes termos.

a) Razões linguísticas. Eles foram utilizados com alguma frequência para apontar que a falta de clareza e imprecisão na linguagem utilizada no projeto de lei favoreceu a arbitrariedade por parte da Administração, particularmente no que diz respeito à aplicação de sanções. Exemplos do que alguns parlamentares chamaram de "conceitos legais indeterminados" são: "falta de respeito e consideração" (aos membros das forças de segurança do Estado) (C 79);[139] "uso não autorizado de imagens que

[139] A forma de citação combina uma letra maiúscula e um número. O número é aquele da página, como aparece nessas publicações oficiais. As letras têm as seguintes correspondências: "A", com o *Diário de Sessões* da Câmara do Deputados. Comissões, sessão 35, realizada em 25 de novembro de 2014 (Cortes Generales. "Congreso de los Diputados". *Diario de Sesiones*, 25 nov. 2014. Disponível

possam colocar em risco a segurança pessoal ou familiar dos agentes" (D 14.059); "indícios racionais" de que pode ocorrer uma perturbação da segurança pública (D 14. 069); falha em estabelecer "uma definição concreta e uma clara proibição ao uso de perfis étnicos para a prática de abordagens e buscas policiais" (D 14.080); também falha em estabelecer o que são "meios de ação violenta" (seria uma garrafa?) (D 14.082); ou "danos a bens móveis e imóveis de uso do serviço público" (D 14.091). Esse tipo de motivo (o uso de termos como "indistintamente" ou "da mesma forma") também foi usado para criticar o fato de que o projeto de lei não delimitava claramente as competências entre as forças policiais estatais e autônomas (no caso do País Basco e da Catalunha), mas essas emendas foram aceitas na tramitação do projeto de lei.

O Partido Popular lembrou que o encaminhamento do texto original a vários órgãos consultivos foi feito com o objetivo de

---

em: https://www.congreso.es/public_oficiales/L10/CONG/DS/CO/DSCD-10-CO-694.PDF. Acessado em: 15.08.2022); "B" com o *Diário de Sessões* da Câmara do Deputados, sessão plenária 214, realizada em 16 de outubro de 2014 (Cortes Generales. "Congreso de los Diputados". *Diario de Sesiones*, 16 out. 2014. Disponível em: https://www.congreso.es/public_oficiales/L10/CONG/DS/PL/DSCD-10-PL-230.PDF. Acessado em: 15.08.2022); "C" com o *Diário de Sessões* da Câmara do Deputados, sessão plenária 233, realizada em 11 de dezembro de 2014 (Cortes Generales. "Congreso de los Diputados". *Diario de Sesiones*, 11 dez. 2014. Disponível em: https://www.congreso.es/public_oficiales/L10/CONG/DS/PL/DSCD-10-PL-248.PDF. Acessado em: 15.08.2022); "D", com o *Diário de Sessões* do Senado, sessão plenária 68, realizada em 12 de março de 2015 (Cortes Generales. "Senado, X Legislatura". *Diario de Sesiones*, 12 mar. 2015. Disponível em: https://www.senado.es/legis10/publicaciones/pdf/senado/ds/DS_P_10_147.PDF. Acessado em: 15.08.2022); e "E", com o *Diário de Sessões* da Câmara do Deputados, sessão plenária 252, realizada em 26 de março de 2015 (ESPANHA. Cortes Generales. "Congreso de los Diputados". *Diario de Sesiones*, 26 mar. 2015. Disponível em: https://www.congreso.es/public_oficiales/L10/CONG/DS/PL/DSCD-10-PL-269.PDF. Acessado em: 15.08.2022).

alcançar "mais precisão, clareza e qualidade do texto" (B 47); que, em 2005 e 2006, houve doze milhões de abordagens a pessoas devido à natureza excessivamente interpretável e ampla da lei anterior e que isso era algo que agora havia sido melhorado (B 55); que, pela primeira vez em um texto legal, "a forma pela qual uma revista deve ser realizada é condicionada e enquadrada" (D 14). 075); ou que "pela primeira vez e seguindo a jurisprudência do Tribunal Constitucional, o conceito de segurança pública é definido" (E 66).

b) Razões sistemáticas. A mais importante e praticamente onipresente em todas as intervenções dos grupos de oposição consistia em denunciar o caráter desproporcional das sanções, o que iria de encontro às normas do Direito espanhol e internacional. Também se levantou a possível fragilização de normas estatutárias (a propósito da delimitação de competências da polícia estadual e autônomas) e os muitos problemas que suscitavam em relação à regulamentação das contravenções no Código Penal. Mas, como dissemos anteriormente, o Governo aceitou as emendas em relação à primeira questão, e o Código Penal foi modificado (em paralelo com essa lei), sendo retiradas as ações classificadas como contravenções: algumas passaram a ser delitos leves e outras foram retiradas do Código Penal e se tornaram infrações administrativas; esta última mudança não foi, entretanto, considerada satisfatória pelas forças da oposição, que consideraram que tal mudança de *status* (a mudança de infrações penais para administrativas) tinha, na verdade, significado um aumento das penas e uma redução das garantias.

O partido governista negou que a nova lei implicasse um endurecimento das sanções e que elas fossem desproporcionais: "há menos sanções e mais proteção" (A 17). Um de seus membros desafiou os parlamentares da oposição a apontar um exemplo que provasse o ponto de vista que defendiam. E argumentou-se em vários momentos que as novas sanções eram inferiores àquelas que podiam ser encontradas na lei do esporte aprovada anos antes pelos socialistas, e que também não excediam aquelas previstas na lei de emergências do governo basco (C 86).

c) Razões pragmáticas. Além de apontar algumas das disfunções que a aplicação da lei poderia acarretar: "a mesma conduta pode ser punível em Madri ou em Cáceres mas não em Lérida ou em Álava" (A 11), ou que a lei "não contempla medidas de acessibilidade para garantir os direitos das pessoas com deficiência" (D 14.063), a principal razão pragmática apresentada contra a lei foi esta: o processo de sanção administrativa significa, na prática, menos garantias (do que a criminal) e custos mais altos: "mais taxas e uma jurisdição mais precarizada do que a jurisdição penal, sem as garantias desta última" (B 51); as sanções desproporcionais da lei "estão impedindo, na prática, o exercício dos direitos fundamentais" (B 40); "a ação administrativa é realizada a partir de uma perspectiva de autotutela dos interesses da própria Administração" (D 14. 066), e o controle se dá apenas *a posteriori*, pela jurisdição do contencioso administrativo.

Em contraposição, os representantes do partido governante argumentaram que o regime de sanções não eliminava a tutela judicial efetiva dos direitos e liberdades. Eles insistiram que as taxas judiciais nos processos administrativos contenciosos estão isentas "no caso de procedimentos especiais para a proteção dos direitos fundamentais e das liberdades públicas" (B 47). E que não havia razão para pensar que a jurisdição do contencioso administrativo era inferior – ou oferecia menos garantias do que – a jurisdição penal: "por que um juiz do contencioso está em uma posição pior do que um juiz criminal?" (C 86).

d) Razões teleológicas. As razões que geralmente têm mais peso na fase legislativa (e que, de certa forma, orientam toda a discussão) são as de caráter finalista ou teleológico. De fato, o principal argumento apresentado pelos grupos de oposição foi o de que, com a lei, o governo buscava reprimir os protestos e, assim, enfrentar o mal-estar social criado pela crise econômica e pelos cortes que haviam ocorrido no Estado de Bem-Estar Social; de fato, o nome usual pelo qual a lei é conhecida (para o qual a ação dos partidos políticos sem dúvida contribuiu; em algumas sessões, os parlamentares apareceram com a boca coberta com mordaças) é "lei da mordaça".[140] Assim, a lei teria como objetivo, "amordaçar, punir e criminalizar o protesto e a solidariedade dos cidadãos" (A 10); a ideologia por trás disso é "a do cidadão obediente e que não protesta" (A 11); "censurar, silenciar e amordaçar" (B 29); "perseguir manifestações de protesto" (B 39); e assim por diante. Por isso, o regime sancionatório tem uma finalidade puramente punitiva, de modo que "os princípios de reintegração, de reabilitação, desapareçam da letra e do espírito desta lei" (D 14.063) e cada um de seus parágrafos se refere a cada um dos tipos de protestos dos últimos tempos: jovens acampados em uma praça para protestar, escrachos, faixas em edifícios, plataformas antidespejos etc.

E as respostas do governo não são difíceis de imaginar. O objetivo da lei teria sido precisamente "proteger os direitos dos cidadãos em qualquer momento" (A 15), e não os eliminar; por isso,

> definimos a segurança pública como a garantia de que os direitos e liberdades reconhecidos e amparados pelas constituições democráticas possam ser exercidos livremente pelos cidadãos e que não sejam meras declarações formais (A 15).

Em resposta à objeção mais básica da oposição, de que a lei restringia direitos, o ministro do Interior, em um de suas intervenções no Congresso, "convidou" os críticos "a me dizerem apenas um dos direitos restringidos ou apenas uma das liberdades restringidas por esta lei" (B 45). E, finalmente, dado que o objetivo da lei não seria outro senão "ampliar liberdades e direitos através de garantias que

140 A lei anterior, aquela promulgada durante o governo socialista, era conhecida como "a lei do pé na porta".

transferimos a esta lei" (D 14.086), na última sessão no Congresso, o representante do Partido Popular apresentou como evidência que, como resultado da lei, "a Espanha será mais livre, porque será mais segura" (E 64).

e) Razões axiológicas. Os objetivos anteriores não se injustificam porque a segurança pública e a ordem pública não podem se tornar fins em si mesmas: "a segurança pública e a ordem pública não são direitos fundamentais dos cidadãos (...) são apenas meios para a proteção real e material do livre exercício dos direitos" (B 44). Eles não são valores que possam ser colocados no mesmo nível dos direitos fundamentais e, por esse motivo, a lei teria rompido o equilíbrio que "deveria" existir entre segurança pública e as liberdades e os direitos, equilíbrio este que deveria se basear no fato de que "estes últimos estão obviamente consagrados na Constituição e devem, portanto, prevalecer sobre os primeiros" (D 14.094); isso também leva a uma "captura do espaço público", agora convertido pelas autoridades administrativas no "espaço em que os cidadãos só podem fazer o que a lei permite" (A 5). Além disso, trata-se de uma lei desnecessária, já que a Espanha tem uma das menores taxas de criminalidade e a população, de acordo com pesquisas de opinião, não tem "nenhuma preocupação com a segurança pública" (B 31) ou, em todo caso, a segurança não é um problema para a maioria da população.

As razões apresentadas aqui pelo partido promotor da lei não consistiram, naturalmente, em negar a existência de uma tensão entre liberdade e segurança, mas em sublinhar o peso a ser dado à segurança nesse binômio: o texto preservaria, assim, uma "ponderação prudente e um contrapeso entre os valores de liberdade e segurança" (tal como o Conselho de Estado também havia considerado); "a segurança pública é um pré-requisito para o pleno exercício dos direitos fundamentais e das liberdades públicas" (B 45).

Esse mesmo esquema, ou seja, essa tipologia de razões legislativas também pode ser utilizada para abordar a discussão em torno do ponto da lei que talvez tenha sido o mais controverso. Trata-se de uma modificação à lei de estrangeiros (Lei Orgânica 4/2000, de 11 de janeiro) que aparece na primeira disposição final da lei de segurança pública:

> *Regime especial para Ceuta e Melilla. 1.* Os estrangeiros que forem identificados na fronteira territorial de Ceuta ou Melilla tentando atravessar a fronteira de forma irregular podem ser expulsos imediatamente com o objetivo de impedir sua entrada ilegalmente Espanha. *2.* em qualquer caso, a expulsão se realizará respeitando as normas internacionais de direitos humanos e de proteção internacional das quais a Espanha faz parte. *3* Os pedidos de proteção internacional devem ser formalizados nos locais reservados para esse fim nos postos de fronteira e devem tramitar de acordo com as disposições contidas nas normas sobre de proteção internacional.[141]

As razões da oposição para ser contra essa disposição em particular foram:

a) *Linguísticas*. A redação deixa muitas questões sem resolução, por exemplo: o que acontecerá com os nadadores que não forem detidos na fronteira, o que diz o texto da lei? Ou o que vai acontecer aos imigrantes que chegam até os rochedos, as ilhotas que estão sob a soberania nacional e não fazem parte da linha? (E 60); com a redação apresentada, as forças de segurança ficam "de mãos atadas" (E 63).

b) *Sistemáticas*. Ela viola a lei de estrangeiros e as normas internacionais. Foi introduzida através de uma emenda do Grupo Popular no Congresso dos Deputados "sem relatórios preceptivos

141 ESPANHA. "Ley Orgánica 4/2015, de 30 de marzo, de protección de la seguridad ciudadana. Texto inicial". *Boletín Oficial del Estado*, nº 77, 31 mar. 2015. Disponível em: https://www.boe.es/eli/es/lo/2015/03/30/4/con. Acessado em: 15.08.2022.

do Conselho de Estado, do Conselho Geral do Poder Judiciário, do Conselho Geral da Ordem dos Advogados etc." (D 14.095).

c) *Pragmáticas*. A deportações imediatas, a abolição do direito de asilo, significam, na prática, que "o direito à assistência jurídica e à tradução e interpretação nos processos de deportação desapareceu" (D 14.084).

d) *Teleológicas*. O objetivo é legalizar as deportações imediatas, mas esse é um objetivo impossível:

> No fim das contas, você [referindo-se ao ministro do Interior] joga tudo para o conflito entre a consciência da Guarda Civil, que tem que cumprir as normas internacionais (...) e as ordens que você dá a partir do seu Ministério, e que são ordens que contrariam o sistema jurídico espanhol e que não encontram amparo nesta emenda (E 60).

e) *Axiológicas*. As expulsões em massa são uma violação dos direitos humanos, uma prática inaceitável:

> Não sou jurista, mas há uma coisa que entendo, que quando alguém entra no território soberano de um Estado que alega ser democrático, quando alguém põe os pés nele, é uma pessoa sujeita a direitos: de pedir asilo, de apresentar recursos etc. (C 81).

E as do Grupo Popular para defendê-la, também:

a) *Linguísticas*. "O que conseguimos com esta regulamentação de expulsão nas fronteiras? Mais segurança jurídica... Mais clareza" (C 87).

b) *Sistemáticas*. A expulsão será realizada "respeitando normativa internacional de direitos humanos internacionais de proteção internacional da qual a Espanha faz parte" (E 64).

c) *Pragmáticas*. Para que isso seja garantido, "os pedidos de proteção internacional devem ser feitos nos locais criados para este fim nos postos de fronteira" (S 64).

d) *Teleológicas*. O objetivo é proporcionar à Guarda Civil "a proteção e segurança jurídica necessárias" para que "pessoas e mercadorias não entrem ilegalmente em nosso país" (E 67).

e) *Axiológicas*. E isso se justifica com o argumento de que "não há nenhum Estado no mundo que renuncie a seu direito fundamental de proteger suas fronteiras" (E 66).

Se, com base no exposto acima, tentarmos avaliar a qualidade argumentativa das duas posições, acredito que nos encontraríamos em uma situação muito mais difícil do que em relação à lei anterior, pois aqui não parecem existir erros grosseiros de argumentação como os apontados anteriormente, que invalidavam radicalmente a posição de uma das partes. E isso ocorre não porque não seja possível encontrar exemplos de falácias nos discursos dos membros do Partido Popular, mas porque o uso de argumentos puramente emocionais, *ad hominem*, que desviam da questão etc. são distribuídos de forma bastante equitativa entre as partes neste caso. Apresento alguns exemplos a seguir.

Ao defender, no Plenário do Congresso dos Deputados, um substitutivo do projeto de lei, a representante do Grupo Socialista (Sra. Rodríguez García) acusou o Governo de colocar em risco os direitos e liberdades dos cidadãos, criando um "Estado de mal-estar" que levaria os espanhóis a não poderem viver tranquilos:

> Sim, senhor Ministro, sim, senhoras e senhores, preocupação de uma mãe ou de um pai que está desempregado e não recebe qualquer tipo de auxílio, a preocupação daqueles que trabalham em empregos precários (...) a preocupação dos doentes,

e assim por diante. Algo que pode muito bem ser verdade (ocupou boa parte de seu discurso), mas parece não ter nada a ver com o conteúdo do projeto de lei. Ao mesmo tempo que incorria em um claro autoelogio:

> Permitam-me ter orgulho da ação dos governos socialistas neste modelo social do nosso país. Fomos nós que lideramos a universalização do acesso à saúde; fomos nós que implementamos a educação pública e criamos um sistema de bolsas de estudo etc. (B 43).

E finalizou seu discurso com o que talvez pudesse ser considerado um exemplo interessante de *non sequitur*:

> Se nove substitutivos foram apresentados nesta Câmara, se todos os grupos políticos, de diferentes ideologias, foram capazes de concordar com a rejeição desta lei, então vocês são provavelmente os que estão equivocados (B 45).

Entretanto, não foram apenas os socialistas que incorreram em falácias desse tipo. Diante da acusação de que o parlamentar do Grupo Popular (Peñarrubia Agius) havia utilizados argumentos exagerados: "para citar um exemplo, tentar evitar (...) a abordagem a aqueles que usam vestimentas que impedem ou dificultam a visão do rosto não é muito razoável" (D 140.100), a resposta da Senadora Iglesias Fernández (da Izquierda Unida) foi que "há pessoas que, devido às crenças religiosas, usam roupas que escondem o rosto, sem que isso represente um risco para a segurança pública ou para a segurança pública" (mas o art. 16 do Projeto afirmava que tal abordagem só poderia ser realizada quando houvesse indícios de participação em uma infração ou quando fosse necessária para impedir um delito; de modo que a colocação não era uma resposta à objeção levantada), e que essa preocupação com a segurança não se justificaria porque "o que gera insegurança nesta sociedade é a demora no tratamento de pacientes com hepatite C; os despejos; a recusa da Coca-Cola em cumprir uma sentença declarando a nulidade das demissões" etc. (D 140.103). Uma forma, neste último caso, de evadir a questão, deslocando o ponto de discussão para o terreno emocional, embora, naturalmente, em muito menor grau do que alguns outros parlamentares, como o representante da Compromís, Sr. Baldoví.

Para rejeitar o parecer da Comissão sobre o projeto de lei, a argumentação desse parlamentar, que incluía referências a autores como Montesquieu e Voltaire, baseou-se no fato de que a lei era desnecessária, que só era demandada por "aqueles que têm medo da liberdade", e que "é em tempos de corrupção que mais leis são aprovadas"; e, a título de corroboração do que havia exposto, ele acrescentou que

> esta semana vimos como um promotor contrário à corrupção pediu a absolvição de uma jovem com educação superior e um mestrado argumentando que ela não sabia o que estava assinando, enquanto milhares de idosos com participações preferenciais bancárias, que não puderam estudar porque tiveram que trabalhar desde muito cedo, são condenados porque sabiam o que estavam assinando.

Terminado seu discurso, colocou sua carteira de identidade na boca e levantou as mãos (C 72). E, diante da acusação de "impostura" do mesmo representante popular (Peñarrubia Agius) ao Sr. Cazalis, do Grupo Parlamentar Basco, dado que seu discurso no veto não coincidiu com o que ele apresentou em suas emendas, de modo que o grupo basco rejeitou a lei em bloco sem entrar em seus artigos – "O grupo basco rejeitou a lei em bloco sem entrar nos artigos, porque em suas comunidades autônomas onde têm competências [a acusação também é dirigida contra o grupo catalão Convergència i Unió], é de seu interesse aplicar esta lei do governo do Partido Popular" (D 140.100) – , a resposta do Senador Cazalis consistiu em repreender o Partido Popular por agir como se fosse dono da verdade, sem levar em conta as opiniões dos demais, quando

> a verdade real, Senador Peñarrubia, está nas mãos dos cidadãos, e eles geralmente a depositam em pequenos envelopes

> brancos e sépias. E quando os cidadãos percebem que a verdade verdadeira que utilizaram na ocasião anterior não corresponde ao que lhes foi dito nem naquilo em que pensavam estar votando, tratam de modificar o conteúdo dos dois pequenos envelopes, e estou certo de que, neste caso, será assim (D 140.103).

Uma previsão, aliás, que as eleições gerais realizadas pouco tempo depois não confirmaram: talvez porque a verdade ou a correção, em questões políticas ou morais, tenha pouco a ver com aritmética.

Em relação às intervenções dos representantes do Partido Popular, é interessante notar sua capacidade de detectar falácias nos opositores ("se, diante do que diz o texto [do projeto de lei], responde-se com coisas que nada têm a ver com ele, é claro que estamos diante de uma discussão típica do método Ollendorf: digam o que quiserem e eu responderei o que eu bem entender" – B46), ou se opor a elas por meio de uma retorsão:

> Da mesma forma que praticamente todos os grupos e porta-vozes que se pronunciaram me trouxeram a reflexão (...) que fizemos algo de errado ou que eu devo ter feito algo de errado quando praticamente todos os grupos da Câmara apresentam substitutivos. Bem, permitam-me, com todo respeito (...) devolver-lhes a pergunta e a reflexão, porque ao ouvir alguns dos discursos e os fundamentos dos substitutivos apresentados, por exemplo, pelo Grupo Esquerra Republicana ou pelo Grupo Amaiur, alguns de vocês deveriam se preocupar em como concordam com eles quando tratam de apresentar um substitutivo desse texto (B 48-49).

Isso não os impediu, no entanto, de cometer falácias. Diversas vezes, sua principal razão para justificar as sanções previstas no projeto de lei era que elas não eram mais duras do que às previstas nas leis da época socialista; mas o que deveria ser discutido, obviamente, não era isso, mas se as sanções previstas no projeto de lei eram ou não aceitáveis. E para se opor às críticas à natureza repressiva do projeto de lei, em vez de dar razões que nos permitissem entrever a conexão de seu conteúdo com a defesa dos direitos humanos, o que os representantes do Partido Popular (neste caso, o Senador Aznar Fernández) fizeram foi recorrer a ataques pessoais e, mais uma vez, às emoções do público (dos membros do Partido Popular presentes na sala, e, talvez, também da opinião pública em geral, a quem essas palavras chegariam através dos meios de comunicação):

> Com o devido respeito que eu pessoalmente tenho por você [referindo-se à Sra. Capella i Farré, senadora da Esquerra Republicana de Catalunya], desde quando você tem a patente exclusiva para a defesa dos direitos humanos? Quem lhe dá autoridade moral para distribuir certificados de democrata, para distribuir certificados de defensor de direitos e liberdades? O que você disse nesta Câmara não é admissível, Sra. Capella. [*Aplausos*]

> Sra. Mendizábal [representante da Amaiur, uma coalizão eleitoral ligada ao Batasuna, um partido político que tinha apoiado as ações da ETA no passado], era só o que nos faltava, que a Amaiur viesse a dar lições de democracia aos senadores que hoje ocupam estes assentos. Já vi muita coisa na política, mas ainda me faltava ver isso, e nesta manhã você fez com que eu visse. Que moral você têm para falar de repressão a este grupo ou a estes grupos? Repressão, senhora, é manter uma pessoa refém contra sua vontade e em condições desumanas por 532 dias e não o condenar. [*Aplausos*] Isso é repressão. Repressão são os tiros na nuca (D 14.072).

Ou, finalmente, como argumento para defender que o grupo Convergència i Unió e outras forças políticas de ideologia mais ou menos conservadora não teriam razões para se opor ao projeto de lei, e que, se o fizeram, teria sido apenas por razões eleitorais (a unanimidade na oposição radical ao projeto de lei seria, portanto, espúria), os parlamentares do Partido Popular argumentaram repetidamente que o citado grupo catalão estava agindo de maneira incoerente, uma vez que havia solicitado no Congresso dos Deputados a modificação da lei anterior, ou seja, a da época socialista. A natureza falaciosa desse apelo à coerência foi destacada por um representante da Convergència i Unió, Sr. Guillaume i Ràfols:

> Na terça-feira passada, o Secretário de Estado nos disse que era uma grande incoerência ter pedido uma nova lei de segurança pública e agora votar contra ela (...) mas eu vou fazer um silogismo aristotélico do tipo que costumávamos fazer no 3° ano do BUP (...) para que o argumento do Secretário de Estado não continue sendo reproduzido. É muito simples. Primeira premissa: Convergència i Unió demanda uma lei orgânica de segurança pública. Segunda premissa: o PP apresenta uma proposta de lei orgânica de segurança pública. Conclusão: Convergència i Unió tem que concordar com esta lei apresentada pelo PP. Suponho que com este simples silogismo do 3° ano do BUP [bacharelado polivalente unificado] você verá que há um sofisma óbvio aqui e não insistirá na versão do Secretário de Estado de que há uma inconsistência entre demandar uma lei de segurança pública e não gostarmos dela (C 80).

Mas eles insistiram, e o argumento da suposta inconsistência continuou a ser usado pelos parlamentares do Partido Popular posteriormente, durante a tramitação parlamentar do Projeto de Lei.

Pois bem, o fato de que, do ponto de vista da "técnica argumentativa" (que incluiria elementos de caráter formal e pragmáticos – dialéticos e retóricos) não haja razões para inclinar-se claramente a favor de um dos dois posicionamentos não significa que não existam critérios. O que se quer mostrar é esses critérios são fundamentalmente de caráter material; nesse caso, eles dependeriam tanto de considerações abstratas sobre a forma de conceber os direitos fundamentais (e como resolver possíveis contradições entre segurança e liberdade) como de considerações mais concretas sobre a maneira de interpretar a Constituição e o Direito internacional sobre direitos humanos. Este último critério sugere que, ao avaliar-se a lei em uma fase pós-legislativa, o pronunciamento do Tribunal Constitucional[142] sobre a lei sem dúvida terá que ser considerado um argumento de peso, mas não poderia ser considerado (como muitas vezes acontece) um critério definitivo. Deixando de lado o fato de que, naturalmente, nem todas as leis vão a recurso perante a jurisdição constitucional (portanto, não pode servir como critério de aplicação geral), vale lembrar: 1) que os Tribunais Constitucionais não são infalíveis: suas decisões são finais, mas não necessariamente corretas; e 2) que uma lei cujo conteúdo é (justificadamente) considerado constitucional não é necessariamente uma boa lei: pode ser ineficaz, pode não atingir seus objetivos pretendidos, entre muitas outras possibilidades.

§ 31 Algumas conclusões

Buscarei, neste momento, formular algumas conclusões que acredito poderem ser extraídas do que foi apresentado acima e que talvez permitam uma discussão frutífera sobre o tema (ou sobre alguns de seus aspectos). As conclusões apresentadas a seguir são cinco.

a) Dois casos obviamente não proporcionam uma base para qualquer generalização. Mas as análises anteriores poderiam ter algum valor indicativo para demonstrar que a tipologia de razões legislativas empregada pode ser útil. De fato, parece quase um senso comum, pois a atividade de elaborar uma lei implica a intenção de atingir um determinado objetivo social (razões teleológicas) que pode ser considerado como justificado (razões axiológicas), para o qual é necessário formular uma série de afirmações bem construídas (razões linguísticas) cujo conteúdo esteja em conformidade com a ordem jurídica (razões sistemáticas) e dê origem a ações (razões pragmáticas) que possibilitem atingir esse objetivo.

142 O Tribunal Constitucional espanhol aceitou um recurso de inconstitucionalidade contra vários artigos da lei, que ainda não foi resolvido.

Naturalmente, esses não são os únicos tipos de razões possíveis; se por *razão* nos referimos ao que pode se argumentar a favor ou contra uma determinada tese em uma discussão, então existem muitos, muitos tipos de razões e muitas maneiras de classificá-las.[143] Mas eu acho que as razões apresentadas aqui exercem uma espécie de papel norteador. Ou seja (traçando um certo paralelo com as razões justificativas do raciocínio judicial), na argumentação legislativa também se recorre a razões de autoridade, institucionais etc., mas acredito que elas sempre poderiam ser agrupadas em algum dos tipos de razões anteriores. Sendo assim, então poderia fazer sentido refinar e melhorar essa classificação. Por exemplo, razões sistemáticas poderiam ser subclassificadas (tal como foi feito no texto) em razões procedimentais (referindo-se às regras que regulamentam *o iter* legislativo) e razões substantivas. Mas, além disso, a noção de um sistema jurídico talvez não possa ser caracterizada exclusivamente em termos de lacunas e contradições; ou melhor, as lacunas e contradições não envolvem apenas regras, mas também princípios e valores, tal como corresponde aos nossos sistemas jurídicos, nos quais a Constituição desempenha um papel preponderante. Em outras palavras, essas razões não são simplesmente formais, e é isso que me impede de falar agora (como fiz em ocasiões anteriores) de uma "racionalidade jurídico-formal". Além disso, é óbvio que algumas razões podem ter um *status* ambíguo ou, simplesmente, serem transversais, ou seja, atravessar várias dessas categorias. De fato, em algum momento agreguei ao esquema um nível de racionalidade (baseado na ideia de eficiência, mas entendido não em termos econômicos, mas sim como equilíbrio ou balanço geral; de certa forma, como equivalente à "razoabilidade") relacionado com a otimização dos outros níveis: o tipo de razões que podem ser utilizadas para justificar, por exemplo, uma redução em relação a um objetivo valioso, pois de outra forma não seria possível, digamos, satisfazer as exigências de racionalidade

---

143 Ver ATIENZA, Manuel. *Curso de argumentación jurídica*. Madri: Trotta, 2013.

sistemática ou pragmática. O julgamento sobre a maior ou menor qualidade de uma lei deve ser, em última instância, um julgamento de conjunto, holístico.

Essa tipologia das razões também permite ordenar um fragmento de uma argumentação legislativa, tal como fizemos nos dois casos anteriores. Ou seja, cada ponto de discussão poderia ser formulado como um assunto pertencente a uma das cinco ou seis categorias apresentadas. Por exemplo: a expressão... é clara o suficiente? A nova regulamentação relativa a... está em conformidade com tais e quais regras e princípios do ordenamento? Que efeitos sociais podem ser esperados a partir da nova regulamentação no que diz respeito a...? E assim por diante. O processo da discussão legislativa não segue naturalmente a ordem em que apresentei aquelas razões (ou seja, não se começa discutindo questões linguísticas para depois debater as questões sistemáticas etc.) e a maior ênfase dada a um ou outro tipo de questão depende de circunstâncias tais como o momento do *iter* legislativo em questão (elaboração do projeto de lei, apresentação de emendas, discussões em comissões e no plenário...) ou do tipo de lei que se discuta. Existem leis de caráter eminentemente técnico (para dar alguns exemplos de leis discutidas e aprovadas em um mesmo momento no Parlamento espanhol: uma lei de navegação marítima, de metrologia ou de reconhecimento mútuo de decisões penais na União Europeia), que seriam aquelas em que existem objetivos comuns e que não apresentam problemas de justificação. E leis, como as dos dois casos analisados, com um forte componente de moralidade política, em que a discussão se concentra sobretudo em razões teleológicas e axiológicas. Cabe dizer que as razões axiológicas não se limitam a uma questão estritamente constitucional, uma vez que a interpretação constitucional pressupõe uma certa concepção de moralidade política; por exemplo, a forma de entender a relação entre segurança e liberdade pressupõe uma determinada concepção desses valores (dentro dos limites estabelecidos pelo texto constitucional), e o conceito de dignidade, que em quase todas as constituições e declarações de direitos contemporâneas aparece como seu fundamento, possui, obviamente, um caráter inequivocamente moral, ou seja, não pode ser entendido independente de uma certa filosofia moral.

b) Um modelo para analisar e avaliar uma argumentação que tenha ocorrido em uma assembleia legislativa poderia seguir os seguintes passos:

1) Exposição das circunstâncias em torno da iniciativa parlamentar. Tanto em termos das condições políticas, sociais etc., que explicam a existência de um problema que leva a uma mudança legislativa, como em termos do *iter legislativo* seguido até esse momento. Seria, aproximadamente, o equivalente ao que no esquema clássico de retórica era a narração ou exposição dos fatos da causa;

2) Identificação dos pontos fundamentais da discussão, ou seja, das questões (perguntas concretas) que se encaixam em uma das cinco categorias antes apresentadas;

3) Identificação das razões favoráveis ou contrárias em relação a cada um desses pontos, apresentadas por cada um dos grupos parlamentares participantes da discussão;

4) Representação (eventualmente) das etapas anteriores através de diagramas de flechas, que podem se referir à argumentação como um todo ou a um de seus extremos;

5) Exame minucioso (se necessário) de algum dos argumentos que tenha desempenhado um papel central no debate. Por exemplo, o argumento consequencialista que examinamos no primeiro dos casos legislativos. Dependendo do argumento em questão, as "perguntas críticas" a serem feitas serão de um tipo ou outro; assim, em relação ao exemplo anterior (ou esquema argumentativo): até que ponto pode-se aceitar que a reforma da lei produzirá as consequências "x"? Por que essas consequências são desejáveis (ou indesejáveis)?

6) Identificação dos elementos dialéticos presentes na discussão. Aqui, deve-se levar em conta que apenas a parte pública da deliberação legislativa está sendo considerada, e que esses elementos dialéticos devem ser interpretados num contexto argumentativo em que (como geralmente acontece, pelo menos em muitos de nossos parlamentos), mais do que um diálogo, o que realmente ocorre é uma sucessão de monólogos;

7) Identificação dos elementos retóricos (tipo de linguagem utilizada; técnicas retóricas às quais se recorre; características do orador e do público; papel da opinião pública);

8) Detecção e análise de falácias que surgiram durante o debate;

9) Avaliação global de toda a argumentação. Trata-se de emitir uma opinião sobre a justificação ou não da nova regulamentação (ou até que ponto se justifica), de acordo com as argumentações apresentadas, levando em conta as cinco perspectivas destacadas: linguística, sistemática, pragmática, teleológica e axiológica.

c) Os tipos mais comuns de argumentos na argumentação legislativa são bastante diferentes daqueles que cumprem um papel central na argumentação judicial e mereceriam uma análise detalhada, não apenas em abstrato; isto é, seria necessário um material empírico abundante (e oriundo de diversos sistemas políticos) para identificar quais são esses argumentos, quando e por que são utilizados, como testar sua maior ou menor solidez, entre outros aspectos.

Na ausência desse estudo mais completo e sistemático, há algumas coisas que podem ser ditas a respeito e que talvez possam servir como diretrizes preliminares para essa pesquisa. Neste sentido, parece óbvio que o argumento subjetivo ou classificatório não possa cumprir aqui o papel central que cumpre no raciocínio judicial; simplesmente, a argumentação legislativa é mais aberta e mais complexa, embora não esteja desconectada da judicial;[144] de fato, os problemas de racionalidade legislativa (imprecisão linguística, falta de sistematicidade etc.) são algo como o outro lado da moeda das questões de interpretação que se apresentam na esfera judicial. E que, pelo contrário, o argumento central (dada a particularidade da prática legislativa) será fundamentalmente um raciocínio finalista ou consequencialista. Tivemos a oportunidade de ver isso com algum detalhe no primeiro dos casos examinados.

Outro tipo característico de raciocínio legislativo que mereceria uma análise cuidadosa é a ponderação. Como se sabe, a ponderação tem estado recentemente no centro de muitas discussões sobre a Teoria do Direito e da argumentação jurídica.[145] Mas, em geral, essas discussões se referem exclusivamente à ponderação judicial. Por isso, valeria a pena concentrar-se também no tipo de ponderação que a legislação necessariamente implica: a concretização e o ajuste recíproco dos objetivos, cujo resultado é o texto da lei. A noção de razoabilidade à qual me referi anteriormente e a apreciação global com que se conclui o modelo de análise e avaliação que acabei de sugerir não é outra coisa senão ponderar. Talvez até se possa dizer que o esquema de ponderação é uma espécie de justificação interna da argumentação legislativa (o equivalente do silogismo judicial).

E um tipo de raciocínio de grande importância prática, como pode ser comprovado nos dois casos estudados, é o argumento da autoridade.[146] Em relação à lei de segurança pública, tanto os críticos quanto os defensores da nova legislação não deixaram de mencionar

---

144 Ver ATIENZA, Manuel. *Curso de argumentación jurídica*. Madri: Trotta, 2013.

145 Ver ATIENZA, Manuel; GARCÍA AMADO, Juan Antonio. *Un debate sobre la ponderación*. Lima: Palestra, 2014; ATIENZA, Manuel. *Filosofía del Derecho y transformación social*. Madri: Trotta, 2017.

146 Ver ATIENZA, Manuel. "El argumento de autoridad en el Derecho". *El Cronista del Estado Social y Democrático de Derecho*, nº 30, 2012, pp. 14-27.

várias autoridades (às vezes eram as mesmas) como apoio para suas teses: o Conselho Fiscal, o Conselho Geral do Poder Judiciário, o Conselho de Estado, o ACNUR, a Anistia Internacional, o Alto Comissariado das Nações Unidas para os Direitos Humanos, ou diversos professores de Direito Penal. De certa forma, esse argumento é a outra faceta do argumento *ad hominem*, no sentido de que se apela para as ações ou opiniões de uma pessoa (ou instituição), em um caso para justificar uma tese, e no outro para rejeitá-la. É possível distinguir dois tipos de argumentos de autoridade: a autoridade em sentido teórico (os especialistas) ou no sentido prático. O esquema do raciocínio é essencialmente o mesmo em ambos os casos e bastante simples. No caso de um argumento (prático) de autoridade:

> *X* estabeleceu (opinou etc.) que, sob condições *C*, deve-se fazer *A* (por exemplo, não sancionar o comportamento *Z*); *X* tem autoridade sobre *Y* (que está nas condições *C*: tem competência para regular *Z*); portanto, *Y* (dadas as condições *C*) deve fazer *A*.

E a validade, a força, de tal forma de argumentação dependerá da resposta que possa ser dada a perguntas como as seguintes: *X* realmente estabeleceu que sob as condições *C* deve-se fazer *A*? As condições *C* realmente ocorrem? *X* é realmente uma autoridade nesse âmbito? Existe algum outro tipo de autoridade equivalente ou contrária à de *X*? Em que se baseia a autoridade de *X*? E assim por diante. Uma análise semelhante poderia ser feita com relação ao uso teórico do argumento, ou seja, quando se apela à autoridade de alguém para sustentar que a situação atual em relação a um determinado problema tem características *X* e *Y*, ou que a introdução de tal medida produzirá tal efeito no futuro. Além disso, parece razoável pensar que a tendência de se utilizar cada vez mais esse tipo de argumento poderia decorrer, no caso dos argumentos teóricos, da complexidade crescente das questões que devem ser legisladas e da relevância, para esse processo, de conhecimentos muito específicos que os legisladores podem não dominar, obviamente; e quanto ao raciocínio prático da autoridade, sua importância parece decorrer da crescente abertura dos sistemas jurídicos e, no caso que analisamos, à existência de um certo consenso internacional no campo dos direitos humanos.

d) O estudo das falácias, dos argumentos ruins que parecem bons, tornou-se um dos centros da teoria da argumentação nas últimas décadas.[147] Existe praticamente uma unanimidade em considerar que a tarefa de detectar e combater as falácias não é apenas uma questão de lógica, ou seja, não há apenas falácias formais (que atentam contra as leis da lógica formal) mas, sobretudo, falácias informais, ou seja, aquelas que dependem do (que são falácias somente se considerarmos o) contexto, a dimensão pragmática da argumentação. Essa questão é da maior relevância para a argumentação legislativa, onde os elementos dialéticos e, acima de tudo, retóricos têm tanta importância. Para dar um exemplo: argumentar *ad hominem* não é necessariamente uma falácia quando se debate em um Parlamento (ou, na verdade, em qualquer outro contexto); só será uma falácia se certas circunstâncias ocorrerem, tais como – digamos – o uso do argumento como manobra de distração ou para desqualificar injustificadamente a outra parte.

O debate parlamentar (ou o tipo de debate que nos interessa aqui; um parlamento, como se sabe, tem muito mais funções do que a aprovar leis) é um campo fértil para o estudo das falácias e, notoriamente, foi um dos âmbitos que Bentham mais levou em consideração em sua famosa obra *The book of fallacies*.[148] A ideia desse autor de que a defesa de (e oposição a) abusos de poder havia sido feita, no passado, "pelo fogo e pela espada", enquanto em seu tempo "a arma

---

147 ATIENZA, Manuel. *Curso de argumentación jurídica*. Madri: Trotta, 2013; ATIENZA, Manuel. *La guerra de las falacias*. Alicante: Librería Compas, 2016.

148 BENTHAM, Jeremy. *Falacias políticas*. Madri: Centro de Estudios Políticos Constitucionales, 1990.

das falácias" teria se difundido universalmente, para ser combatida pelo "uso da razão", é um belo ideal iluminista para o qual a teoria da legislação de nossos dias deveria contribuir intensamente, uma vez que a propensão para cometer falácias não parece ter diminuído significativamente com o estabelecimento do Estado de direito. Mas é importante estar ciente de que essa tarefa pode ser mais árdua do que se poderia pensar em princípio e que, naturalmente, para se ter sucesso nela (na guerra contra as falácias) não basta estar armado com um certo catálogo de falácias, de maneiras errôneas (enganosas) de se argumentar, embora isso possa ser útil.

Na minha opinião, a melhor maneira de entender o que é uma falácia é encará-la como um ilícito argumentativo, ou seja, como uma ação argumentativa (um movimento) que parece lícita, mas que não o é, porque viola algumas das regras da boa argumentação, seja por má-fé (sofisma) ou por imprudência (paralogismos). Mas isso significa que, para determinar o que é uma falácia nesses debates parlamentares, teríamos primeiro que especificar qual é o tipo de debate em questão, ou seja, quais são as regras que o caracterizam. E isso envolve um problema fundamental, um problema de concepção da argumentação legislativa, ao qual me referirei agora, na última conclusão.

e) Provavelmente, a tese mais famosa, que tem se difundido amplamente nos últimos tempos entre os interessados na argumentação jurídica, é a defendida por Alexy em seu trabalho de 1978, *Teoría de la argumentación jurídica*,[149] e em vários escritos posteriores,[150] segundo a qual a argumentação jurídica,

---

149 ALEXY, Robert. *Teoría de la argumentación jurídica*. Tradução de Manuel Atienza e Isabel Espejo. Madri: Centro de Estudios Constitucionales, 1989.

150 Ver ATIENZA, Manuel. "Alexy and the 'argumentative turn' in contemporary legal theory". *In*: BOROWSKI, Martin; PAULSON, Stanley L.; SIECKMANN, Jan-Reinard (Coord.). *Rechtsphilosophie und Grundrechtstheorie*. Tübingen: Mohr Siebeck, 2017, pp. 207-224.

em todas as suas instâncias (que inclui a argumentação legislativa), seria um caso especial de argumentação prática geral. E a argumentação prática geral, como também se sabe muito bem, é sistematizada por Alexy em uma série de regras e formas de discurso que incluem a obrigação de não se contradizer, de ser sincero, de respeitar o princípio da universalidade etc.; isto é, o que Alexy basicamente esquematiza aqui é o discurso racional (prático-racional) que caracteriza a comunidade ideal habermasiana. Trata-se de uma tese que, eu diria, vai claramente contra o que tem sido a concepção mais tradicional da argumentação legislativa; se lembrarmos, Aristóteles elaborou uma classificação de três gêneros retóricos e um deles era o de retórica deliberativa, com o qual a argumentação política (e legislativa) de nossos dias corresponderia: e a retórica é uma técnica de persuasão que (também no esquema aristotélico) inclui procedimentos que envolvem recorrer ao humor do orador ou às paixões do público de formas claramente incompatíveis com as regras do diálogo racional habermasiano-alexyano. Mas essa circunstância, como acabo de apontar, não impediu que a tese de Alexy fosse muito bem recebida entre os teóricos da argumentação jurídica, o que, em minha opinião, constitui um erro grave e evidente. De fato, se a tese fosse levada a sério, seria impossível abordar o raciocínio legislativo (assim como o dos advogados ou o que ocorre em muitos outros casos da experiência jurídica).

Já havia comentado algo a respeito dessa questão, e talvez valha a pena ressaltá-la neste momento. O ponto aqui não é somente que as condições estabelecidas por Alexy não sejam de fato satisfeitas no debate parlamentar, mas que elas não podem ser satisfeitas e que não faz sentido apresentá-las como uma espécie de ideal regulador. O erro de Alexy (compatível, aliás, com as inúmeras contribuições que podem ser encontradas em sua obra) é afirmar que um único tipo de discurso pode servir para os diversos âmbitos da argumentação jurídica; ou, talvez de uma forma mais matizada: que todos esses âmbitos podem ser compreendidos acrescentando novas regras de argumentação às do discurso prático geral (regras, portanto, compatíveis com estas últimas). O resultado é uma concepção que simplifica e idealiza (distorce) a realidade e, portanto, não pode ser muito útil para entender e orientar a prática argumentativa, ou seja, quando se trata de entender, avaliar ou argumentar sobre uma argumentação apresentada por alguém.

Essa concepção da argumentação não é, portanto, útil (ou é pouco útil) para o estudo dos debates parlamentares que visam à aprovação ou rejeição de uma lei. E tampouco nos ajuda a detectar e combater falácias. As regras da discussão parlamentar (o debate parlamentar) possuem um caráter essencialmente estratégico e incluem, necessariamente, certa justificação da parcialidade. Não se pode exigir que os argumentos de um representante político na defesa de uma medida legislativa sejam os mesmos que um filósofo utilizaria no contexto de um diálogo platônico. Isso não quer dizer que valha qualquer coisa, ou que as regras da discussão puramente racional (incluindo uma certa pretensão de imparcialidade) não têm nenhum papel a cumprir aqui. Evidentemente, também na argumentação legislativa (como na dos advogados) existem certos limites de natureza ética que não podem ser transgredidos.[151] Mas eles não estão propriamente formados pelo respeito às regras do discurso prático geral que, na concepção do Alexy, definem o cerne da pretensão de correção. Existe, a meu ver, uma conexão entre a argumentação legislativa e o que Alexy entende por argumentação prática geral, mas que não consiste em considerar a primeira como um caso especial da segunda. A conexão (que evita a idealização da realidade e permite manter uma certa primazia do discurso racional no terreno da prática) consiste em que as regras que regem a argumentação legislativa (assim como as que regem a argumentação dos advogados) podem ser justificadas de acordo com as regras do discurso racional; mas isso é algo distinto: o que significa é que, de acordo com as regras do discurso racional, a existência de instâncias, tais como a discussão

151 Ver ATIENZA, Manuel. *Filosofía del Derecho y transformación social.* Madri: Trotta, 2017.

parlamentar ou a argumentação dos advogados, em que é possível um afastamento em relação a essas regras, estaria justificada. E o que resulta de tudo isso é a necessidade de definir com alguma precisão quais seriam as regras que regem a argumentação legislativa, ou seja, como caracterizar – de forma a evitar a idealização, mas não impedir a possibilidade de crítica – esse tipo de discurso.

CAPÍTULO VIII

A LEI ESPANHOLA DE REPRODUÇÃO HUMANA ASSISTIDA

§ 32 Diversos pontos de vista para avaliar as leis

As leis podem ser avaliadas sob pontos de vista muito diversos. Em primeiro lugar, em relação aos seus objetivos: quais são eles? Existem objetivos ou resultados não declarados (desejados ou não pelo "legislador")? Eles são ou não são justificados de acordo com os valores socialmente dominantes, com os princípios constitucionais ou com os de uma determinada concepção da ética?

Mas, também, em relação a questões de caráter mais "técnico": os conteúdos da lei (obrigações, proibições e permissões que ela contém), bem como as instituições que ela cria, são adequados para atingir esses objetivos? Existem incentivos (sanções positivas ou negativas) e recursos (por exemplo, financeiros) que possam garantir a eficácia da lei?

A lei deixa lacunas ou cria contradições ou, ao contrário, regulamenta tudo o que se propõe regulamentar e o faz de forma harmoniosa, levando em conta o conjunto dos artigos e o restante do ordenamento jurídico? Finalmente, ela está redigida de tal forma que a mensagem de suas normas seja razoavelmente precisa e compreensível para seus destinatários – diretos e indiretos –, de forma que não dê origem a problemas interpretativos que poderiam ter sido evitados?

§ 33 Diversidade de opiniões a respeito da lei espanhola sobre técnicas de reprodução humana assistida[152]

As inúmeras opiniões que têm sido manifestadas a respeito da nova lei espanhola sobre técnicas de reprodução humana assistida (antes, durante e depois de sua tramitação parlamentar) têm se concentrado – compreensivelmente – em seus aspectos éticos. Eu diria que a discussão tem girado, fundamentalmente, em torno de três tipos de conduta que a lei autoriza e que alguns consideram que deveriam ser proibidos: *a*) a fertilização de mais de três óvulos em cada ciclo (excedendo o limite estabelecido pela lei anterior, de 2003, que modificava, neste ponto, a lei de 1988); *b*) a realização de diagnósticos pré-implantação com fins terapêuticos para terceiros (o chamado "bebê medicamento"); e *c*) a pesquisa com pré-embriões remanescentes de tratamentos de infertilidade (com as células-tronco extraídas deles), levando em conta certas exigências, sendo a mais importante delas a de que se realize antes do 14º dia de desenvolvimento do embrião (este último é precisamente a definição de "pré-embrião" na lei).

---

152 Trata-se da Lei n. 14/2006, de 26 de maio do mesmo ano. O texto consolidado – bem como o original – pode ser consultado em: ESPANHA. "Ley 14/2006, de 26 de mayo, sobre técnicas de reproducción humana assistida". *Boletín Oficial del Estado*, nº 126, 27 mai. 2006. Disponível em: https://www.boe.es/buscar/act.php?id=BOE-A-2006-9292. Acessado em: 15.08.2022.

De forma secundária, o debate também está relacionado com tipos de conduta que a lei proíbe (ou pretende evitar) e que alguns consideram que deveriam ser permitidas: *1*) a escolha do sexo do futuro bebê; e *2*) a gravidez por substituição ("barriga de aluguel"). Os posicionamentos sobre essa questão situam-se, portanto, entre esses dois extremos: o dos partidários da proibição de todos eles (os cinco casos que acabo de mencionar), que tem sido, de maneira muito evidente, a posição da Igreja Católica, e o daqueles que defendem a permissão de todos eles, em outras palavras, aqueles que defendem uma posição "liberal", a qual, em minha opinião, é a postura compatível com uma concepção secular e sem preconceitos da ética. Os dois principais partidos políticos da Espanha, o PP e o PSOE, ocupam posições intermediárias: o primeiro, mais próximo da posição da Igreja (embora não coincida com ela, pelo menos em termos das razões apresentadas para justificar a proibição); e o segundo, mais próximo das posições liberais (embora o PSOE tampouco seja totalmente liberal em relação às questões *1* e *2*).

A discussão, tanto no Parlamento quanto nos meios de comunicação, tem sido bastante confusa e tem muitas vezes se afastado do que é frequentemente chamado de "diálogo racional". Creio que isso se deve, principalmente, a essas duas circunstâncias. Uma delas é que essas questões – digamos, tudo aquilo relacionado à reprodução humana assistida e, de modo mais geral, à bioética – está imerso em um forte contexto ideológico e, em particular, religioso; poderíamos dizer que ele afeta mais aquilo que Ortega chamou de "crenças" – isto é, algo que não foi criado por nós, mas que herdamos e sobre o qual não pode haver dúvidas – do que propriamente as "ideias".[153] A outra circunstância é que se trata de um tema com significados políticos imediatos, no sentido de que uma regulamentação mais ou menos restritiva ou liberal da matéria (ou a impressão de a regulamentação é de tal ou qual forma) pode ter repercussões eleitorais de curto prazo:

153 ORTEGA Y GASSET, José. *Ideas y creencias*. Madri: Revista de Occidente, 1942.

muita gente está preocupada em saber, por exemplo, se a pesquisa com células-tronco será ou não permitida, porque acreditam, não sem razão, que nisso pode estar a chave para curar doenças graves que afetam uma porcentagem significativa da população, como a diabetes, o Alzheimer ou o mal de Parkinson.

A despeito do que foi dito antes, creio que se pode dizer que os proibicionistas tendem a usar, para defender sua tese, principalmente o argumento da dignidade humana, enquanto os liberais recorrem principalmente a argumentos baseados nas ideias de autonomia e felicidade ("bem-estar" ou "evitar o sofrimento" que, para esses fins, pode ser considerado como equivalente a "felicidade"). Mas, naturalmente, dada a forte carga emocional positiva dessas expressões (que se referem a valores amplamente aceitos), o que realmente distingue uns dos outros, do ponto de vista do uso de argumentos, é mais uma questão de ênfase: os liberais não admitem, de forma alguma, que a permissão de tais comportamentos implique prejuízo à dignidade humana, e os proibicionistas protestam quando são rotulados como inimigos da autonomia ou da felicidade humana.

O apelo à dignidade (e, basicamente, à dignidade do pré-embrião) é o argumento fundamental da Igreja Católica contra a permissão dos tipos de conduta que elencamos e, em geral, contra o uso de qualquer técnica de reprodução assistida; a razão fundamental é que todas essas técnicas implicam na geração de pré-embriões excedentes, cuja "dignidade" não seria respeitada se fossem mantidos congelados em uma clínica por anos e pudessem, eventualmente, ser destruídos: para a Igreja, as clínicas de reprodução assistida seriam como campos de extermínio humano.

Tenho defendido, em muitas ocasiões,[154] que essa tese tem por base um posicionamento irrazoável (e não irracional) e que sua possível força argumentativa depende inteiramente da aceitação de

---

154 ATIENZA, Manuel. *Bioética, derecho y argumentación*. Lima: Palestra, 2010.

certos dogmas religiosos (por exemplo, que, desde o momento da concepção, Deus infunde uma alma ao zigoto). Para aqueles que não comungam com tais dogmas, um grupo de células sem qualquer capacidade de consciência ou de sentir prazer ou dor (o pré-embrião) não pode ser equiparado ao embrião em estágios posteriores de sua evolução e, muito menos – como a Igreja defende – com o ser humano plenamente desenvolvido; isso não quer dizer que o pré-embrião não mereça nenhuma proteção, mas simplesmente que, naquela fase do desenvolvimento embrionário, não faz sentido falar de "dignidade", pois não há pessoa no sentido moral (ou no sentido jurídico).

Essa crítica ao argumento da dignidade é, naturalmente, aplicável ao Partido Popular (que o utilizou amplamente tanto em discussões parlamentares quanto em outros fóruns), mas com o agravante de que a posição desse grupo político (ao contrário daquela da Igreja Católica) é notoriamente incoerente. Ou melhor, foi mais ou menos coerente na época em que a primeira lei sobre reprodução humana assistida foi discutida e aprovada (1988), quando sessenta e três deputados desse grupo parlamentar apresentaram um recurso "à totalidade do texto" perante o Tribunal Constitucional. Mas essa coerência se perdeu à medida que a lei se consolidava e o uso de técnicas de reprodução humana assistida se difundia (não é razoável supor que mulheres de ideologia semelhante à do Partido Popular recorram menos à inseminação artificial do que aquelas mais à esquerda do espectro político). O ponto de inflexão ocorreu no ano de 2003, quando, a partir de uma iniciativa do PP, foi aprovada uma lei que modificou a lei anterior e que, entre outras coisas, passou a permitir pesquisas com pré-embriões excedentes (com os existentes antes da promulgação da nova lei), e implicitamente (uma vez que os artigos correspondentes não foram revogados), aceitaram-se como boas práticas aquilo que, no recurso acima mencionado, foi considerado contrário à Constituição (e imoral). É verdade que a reforma de 2003 foi baseada na suposição de que, limitando-se a três os óvulos fertilizados em cada ciclo, o problema dos pré-embriões excedentes seria resolvido. Mas não era necessário ser um especialista para perceber (já na época) que se tratava de um mecanismo de autoengano ou, talvez, de uma mentira piedosa que permitia à Igreja Católica, sem justificar plenamente sua posição, aceitar a reforma com certa indulgência, considerando-a uma espécie de mal menor (em comparação com o mal maior da situação anterior).

Caso se descarte (como acredito que deve ser feito a partir de abordagens que eu costumava chamar de laicas e não preconceituosas) a possibilidade de se utilizar o argumento da dignidade em relação aos casos anteriores, a conclusão a que se chega, em minha opinião, é a de que não há nenhuma razão relevante o suficiente para proibir essas condutas (as cinco). Isso não significa que a autonomia ou a felicidade devam ser vistas como valores ou princípios de caráter irrestrito, ou que as razões que dimanam deles tenham mais força do que as que decorrem do valor da dignidade. Para mim, é evidente a legitimidade de pôr limites ao exercício da autonomia ou à busca da felicidade, mas somente quando certas circunstâncias estão presentes, tais como a evitar danos a outro ou a de garantir que um indivíduo seja realmente autônomo. Minha tese é, precisamente, que em nenhum dos cinco casos mencionados anteriormente estão presentes essas circunstâncias ou outras que possam ser consideradas de igual importância. Vejamos.

Em relação à diminuição do número de óvulos transferíveis em cada ciclo, é óbvio, pelo que acaba de ser dito, que não há prejuízo para a dignidade, nem há dano, ou pelo menos não há dano suficiente, que justifique tal limite; ao mesmo tempo, promove-se a autonomia e a felicidade (da mulher ou do casal). Além disso, na prática, a nova lei não altera as coisas em relação a como já funcionavam. A única coisa que ela faz, na realidade, é simplificá-las, pois a reforma de 2003, depois de estabelecer o limite de três óvulos, deixava muitas exceções abertas, de modo que se pode dizer que, na prática, estamos onde estávamos.

Algo semelhante pode ser dito sobre a pesquisa com pré-embriões excedentes (com células-tronco obtidas a partir deles). As condições sob as quais a pesquisa pode agora ser realizada são muito semelhantes (praticamente idênticas) às que existiam antes, sendo a única mudança significativa a supressão do limite de pré-embriões crioconservados antes de uma determinada data, mas isso era um limite – como afirmei antes – carente de justificação e que só pode ser explicado como uma medida para silenciar a Igreja.

Quanto ao uso de técnicas de diagnóstico genético pré-implante para selecionar pré-embriões cujos tecidos são compatíveis com os de pessoas (familiares) doentes, para que o futuro bebê possa contribuir (mediante transplante) para salvar a vida ou curar uma doença grave, por exemplo, de um irmão já nascido, é simplesmente irracional, para não dizer cruel e absurdo, opor-se a isso; talvez valha a pena lembrar aqui que a dignidade humana, de acordo com a famosa formulação kantiana, não proíbe tratar um ser humano como um meio – o que fazemos o tempo todo –, mas *apenas* como um meio. O PP não tinha, creio eu, nenhuma necessidade de seguir a posição da Igreja de forma tão extrema; de fato, quando a Comissão Nacional de Reprodução Humana Assistida discutiu há alguns anos a possibilidade de autorizar tal prática, quase todos os seus membros (muitos deles de ideologia conservadora e provavelmente simpatizantes daquele partido político) consideraram que não havia obstáculos morais a ela, mas que a lei (a anterior), como foi redigida, não a permitia.

Ao se opor a esse tipo de prática, o PP se colocou numa posição de extrema fragilidade argumentativa, como se pode facilmente constatar quando se leem as intervenções de seu representante parlamentar na Comissão e no Plenário do Congresso dos Deputados: tudo o que pode ser encontrado nos diários de sessão é um uso abusivo de termos emotivos de alcance puramente retórico ("propósitos eugênicos", "instrumentalização da vida humana", "bebê-medicamento"...); afirmações (como a de que a lei permite o uso dessas técnicas "sem quaisquer limites", "sem quaisquer garantias de segurança"); cuja falsidade pode ser facilmente comprovada por qualquer leitor sem preconceitos com relação à lei; ou acusações (que o PSOE e os grupos que apoiaram a lei – todos, exceto o PP – estariam buscando beneficiar as clínicas privadas, quando não "interesses sociais obscuros") que parecem simplesmente infundadas (não há, por acaso, médicos e profissionais da saúde – além de empresários – em clínicas privadas de reprodução assistida que são próximos ao PP?) e cuja finalidade parece não ser outra senão apresentar o PP (através de uma espécie de "ataque indireto") como o defensor da saúde pública e da igualdade no uso dessas técnicas.

Passemos ao que a lei proíbe ou pretende tornar impossível. A Esquerra Republicana foi a única força política que defendeu no Parlamento a possibilidade de escolher o sexo (a partir do terceiro filho), mas sua proposta praticamente não teve repercussão. Na discussão em comissão (em 21 de dezembro de 2005), o único orador que se referiu a ela foi o representante do PSOE, mas o que ele disse sobre isso talvez seja melhor nem sequer considerar como uma tentativa de argumentar:

> A emenda (...) que se refere à escolha do sexo, não nos parece ter nada a ver com o objeto desta lei [mas o art. 26, *c*, 10ª, da nova lei qualifica como "infração muito grave" a "escolha do sexo ou manipulação genética para fins não terapêuticos ou terapêuticos não autorizados"], nem nos parece que este seja o momento oportuno para abordá-la [qual seria o momento, então?], nem que se refira a uma demanda justificada socialmente [por que não? O que significa "justificada socialmente?"]

Argumentei em outro lugar[155] que não há nenhuma razão ética para se opor, em termos absolutos, à escolha do sexo quando não se trata de evitar a transmissão de uma doença. Não vou me estender sobre esse ponto aqui, mas quero apenas salientar que nenhum dos argumentos geralmente apresentados pelos proibicionistas é, em minha opinião, justificado: a escolha do sexo (por exemplo, a

---

155 ATIENZA, Manuel. *Bioética, derecho y argumentación*. Lima: Palestra, 2010, pp. 212 e ss.

partir da terceira criança, como é permitido na Grã-Bretanha) não necessariamente tem consequências "monstruosas"; não implica "instrumentalizar um ser humano" (assim como não se está instrumentalizando uma criança quando seus pais decidem tê-la naquele momento de suas vidas); e não é verdade que a norma moral sobre a qual se apoia a permissão não seja perfeitamente universalizável, ainda que, ao mesmo tempo, possam existir exceções e, nesse sentido, ela não seja completamente geral (por exemplo, é possível justificar a proibição da escolha do sexo se, em tal sociedade, houver uma clara preferência por, digamos, filhos homens).

Finalmente, a gestação por substituição ou "barriga de aluguel" não é exatamente proibida pela nova lei (não há sanções previstas para participam desse tipo de prática), mas um contrato com essa finalidade é considerado "nulo e sem efeito" (art. 10.1) e se estabelece que "a filiação de crianças nascidas por gestação por substituição determinada pelo parto" (art. 10. 2). Nas últimas semanas, os meios de comunicação noticiaram amplamente a existência de várias empresas que viabilizam mães de aluguel, e, ao que parece, diversos casais espanhóis têm recorrido a essa prática, que é legal, por exemplo, em vários estados dos Estados Unidos da América: após o nascimento (e do pagamento de quantias que variam entre 60 e 75 mil euros), o casal obtém um atestado médico comprovando que a criança é deles; há o risco de que a mãe grávida informe o caso às autoridades espanholas (que teriam que reconhecer seu *status* de mãe, para fins legais), mas a probabilidade de isso acontecer certamente não é muito alta e, consequentemente, o risco é aceitável, pelo menos para algumas pessoas.

Independentemente da existência ou não de práticas desse tipo, elas devem ser consideradas um comportamento ilícito, contrário à moralidade, que o Direito faria bem em proibir? Não creio, ou, para ser mais preciso, não creio que haja razões para proibi-las Se retomarmos os três grandes princípios que têm sido recorrentemente postos em discussão: a gestação por substituição não fere a dignidade da criança, que não é necessariamente tratada com crueldade e nem perde seus direitos por ter sido gestada dessa forma (se assim fosse, o que dizer das crianças não desejadas ou das que são entregues para adoção?); tampouco implica, ao envolvidos, danos que justifiquem sua proibição em qualquer circunstância (em relação à criança, e mesmo aceitando que essa forma de gestação possa ser uma fonte de dificuldades psicológicas, não é permitido, por acaso, dar à luz crianças em circunstâncias nas quais é certo que viverão vidas de grande sofrimento?); e nem atenta contra a autonomia de ninguém (embora possa ser razoável dar à mãe gestante o direito – por motivos paternalistas – de mudar de ideia e ser reconhecida como mãe legal, por um curto período de tempo após o nascimento). Em suma, em vez de proibi-la, o que deve ser feito é regular este tipo de prática de forma cuidadosa. A lei espanhola a regulamenta, mas de uma maneira tão ligeira, tão grosseira, que provavelmente produzirá efeitos muito pouco desejáveis: não impedirá a gestação por substituição, mas pode torná-la uma prática elitista e que acarrete riscos adicionais àqueles já existentes.

§ 34 Avaliar a lei a partir de uma perspectiva ética ou técnica

Afirmei, no início, que uma lei pode ser avaliada do ponto de vista dos fins almejados ou dos meios estabelecidos para alcançá-los; ou seja, de um ponto de vista ético ou técnico. Não existe, como tenho buscado mostrar, nenhuma objeção ética a ser levantada contra a lei, a não ser a de não ter sido suficientemente liberal; mas também é verdade tal apreciação se refere a dois aspectos de importância relativamente secundária. Ao contrário do que se afirma frequentemente e de maneira interessada, acredito que é relativamente fácil se chegar a um consenso sobre reprodução assistida (e, em geral, sobre bioética) que nos permita resolver os problemas do que poderíamos chamar de "vida em comum" (que são aqueles com os quais o Direito tem que lidar). O motivo é que, para isso, não é necessário um consenso profundo (não precisamos compartilhar a mesma concepção sobre "sentido da vida"), mas apenas um consenso superficial (por exemplo, na reprodução assistida, seria, de fato, suficiente aceitar a ideia de que o valor da vida humana não é o mesmo em todos os estágios de seu desenvolvimento ou, melhor dito, que é razoável que o Direito parta desse pressuposto: algo a que, em minha opinião, nenhuma pessoa de bom senso poderia se opor). A nova lei espanhola foi consensuada por grupos políticos com perspectivas ideológicas muito diferente (alguns deles são partidos políticos de explícita orientação cristã, como o PNV e a CiU) e não acredito que haja qualquer razão de fundo (mas, sim, motivos políticos relacionados com a luta partidária de curto prazo) para explicar a oposição frontal do PP a ela. Em questões de técnica legislativa, porém, a avaliação da lei não é tão favorável, especialmente com relação ao que poderia ser chamado de sua "racionalidade linguística": muitos artigos poderiam ter sido mais bem redigidos, e a leitura de alguns deles produz um verdadeiro incômodo. Não posso entrar em detalhes, mas vou me limitar a alguns exemplos.

A lei atribui uma importância considerável à Comissão Nacional de Reprodução Humana Assistida e – na minha opinião, de maneira acertada – confia-lhe, entre outras coisas, a tarefa de emitir relatórios sobre novas técnicas que possam surgir no futuro, para que as autoridades sanitárias possam autorizá-las sem a necessidade de alterar constantemente a lei. Entretanto, parece que os legisladores esqueceram de uma coisa essencial: avaliar seriamente essa instituição, ou seja, aproveitar a experiência dos últimos anos (falo com algum conhecimento de causa: sou membro dela desde sua criação, que, para além dos mandamentos legais, deveu-se à iniciativa de um funcionário do Ministério, Javier Rey del Castillo, que em todos esses anos tem sido o secretário e a "alma" da instituição) para melhorar seu funcionamento futuro. Quando se leem as intervenções dos representantes dos partidos políticos na Comissão e no Plenário (ou a própria exposição de motivos da lei), percebe-se que alguns (os do PSOE) estavam interessados, mais do que qualquer outra coisa, em usar a Comissão como uma espécie de "argumento de autoridade" para se opor ao PP (um argumento, aliás, discutível: se examinarmos a documentação da Comissão, veremos que, em sua maioria, seus membros não se mostraram, nem de longe, "particularmente críticos" da reforma de 2003); e outros (os dos partidos nacionalistas) pareciam realmente obcecados em diminuir seu peso em favor das comissões homólogas das diversas comunidades autônomas.

Surpreendentemente, as principais dificuldades para se chegar a um acordo sobre o conteúdo da lei surgiram de questões jurisdicionais, e não substantivas; aparentemente, para os partidos nacionalistas, a existência de uma comissão nacional (quando "nacional" se refere à Espanha) representa um mal, uma ameaça contra a qual é necessário defender-se: quanto menos – e quanto menos se mencionar – comissão nacional, melhor. Suponho que isso explica por que a lei estabelece (art. 20.2) quais órgãos nomearão os membros da comissão, mas não estabelece quantos membros cada órgão pode nomear e quantos terá no total, o que certamente me parece ser relevante para seu funcionamento. Essas questões (e outras mais que são de cruciais para a comissão: lembre-se de que, durante o tempo de Celia Villalobos como ministra, a instituição deixou de existir simplesmente porque o ministério deixou de convocá-la) são deixadas para uma regulamentação subsequente, ou seja, para o governo. Mas não teria sido melhor que lei as tivesse definido, especialmente se estamos pensando em uma Comissão que atua com critérios de agilidade e independência?

O artigo 1º é um verdadeiro pandemônio, no qual não só aparecem as condutas a serem regulamentadas (ao contrário do que seu título anuncia: "objeto e escopo de aplicação da lei"), mas também uma definição (a de "pré-embrião": não seria melhor um artigo ou uma disposição contendo essa e outras definições?) e uma proibição (clonagem reprodutiva: era necessário incluí-la ali quando, além disso, aparece também no art. 26, *c*, 9º?). Mas, além disso, ao descrever os três tipos de conduta que alega regulamentar (de fato, também regulamenta outros tipos de conduta que não aparecem aí), a forma em que o faz é tão descuidada que beira o absurdo; assim, no art. 1º, parágrafo 1º, *b*, está escrito que o objetivo da lei é "regular a aplicação de técnicas de reprodução humana assistida (...) sempre que (...) estejam devidamente autorizadas nos termos previstos nesta lei"; pois bem, a lei também regulamenta técnicas não autorizadas: ao proibi-las e estabelecer sanções a respeito. E, enfim, não teria sido melhor organizar os sucessivos capítulos da lei de acordo com esses três objetos de regulamentação, seguindo a mesma ordem estabelecida no art. 1º e utilizando sempre as mesmas expressões (ou seja, a mesma palavra, ao se referir ao mesmo conceito)?

§ 35 Proposta de uma nova redação para o artigo 9º

O artigo 9º da lei se intitula "premoriência do marido", ou seja, é a regra que regula o que acontece quando o marido morre antes de seu material reprodutivo estar no útero da mulher. Sua redação é extremamente complicada, mas poderia ser muito simplificada (e clara) se algumas noções muito simples de lógica elementar e de teoria (não menos elementar) da norma jurídica fossem utilizadas. Talvez sejam conhecimentos que os parlamentares não dominem. Mas não há técnicos no Ministério e no Parlamento? Não será a hora de levar a sério a técnica legislativa?

O artigo em questão está redigido da seguinte forma.

> *Artigo 9º. Premoriência do marido.*
>
> 1. Nenhuma filiação poderá ser determinada legalmente nem será reconhecido qualquer efeito ou relação legal entre a criança nascida pela aplicação das técnicas regulamentadas por esta lei e o marido falecido quando o material reprodutivo deste último não estiver no útero da mulher na data da morte do homem.
>
> 2. Não obstante as disposições do parágrafo anterior, o marido pode dar seu consentimento, no documento referido no art. 6.3, em escritura pública, em testamento ou em documento de diretrizes antecipadas, para que o material reprodutivo

> possa ser utilizado dentro de doze meses após sua morte para fecundar sua esposa. Tal fecundação produzirá os efeitos legais decorrentes da filiação matrimonial. O consentimento para a aplicação das técnicas em tais circunstâncias pode ser revogado a qualquer momento prévio à sua aplicação. Presume-se que o consentimento referido no parágrafo anterior tenha sido dado quando o cônjuge sobrevivente estivesse submetido a um processo de reprodução assistida já iniciado para a transferência de pré-embriões criados antes da morte do marido.
>
> 3. Um homem não ligado por um vínculo matrimonial pode valer-se da possibilidade prevista no parágrafo anterior; tal consentimento servirá de base para iniciar o processo nos termos do art. 49 da Lei do Registro Civil, sem prejuízo da ação judicial para reivindicação de paternidade.[156]

E minha proposta de nova redação, inspirada na técnica de redação padronizada de textos jurídicos de Allen, estabelecida no § 5, seria a seguinte:

1. Se o marido falecer quando seu material reprodutivo ainda não estiver no útero de sua esposa, e

   a) Ele havia dado seu consentimento livre, informado e formal em escritura pública, testamento ou diretriz antecipada para que seu material reprodutivo pudesse ser utilizado dentro de doze meses após sua morte para fecundar sua esposa, tal consentimento pode ser revogado a qualquer momento antes da aplicação dessa técnica;

   Ou

156 ESPANHA. "Ley 14/2006, de 26 de mayo, sobre técnicas de reproducción humana assistida". *Boletín Oficial del Estado*, nº 126, 27 mai. 2006. Disponível em: https://www.boe.es/buscar/act.php?id=BOE-A-2006-9292. Acessado em: 15.08.2022.

b) Sua esposa havia sido submetida a um processo de reprodução assistida já iniciado para a transferência de pré-embriões criados antes da morte do marido, em cujo caso se presume o consentimento.

Então,

Tal fecundação produzirá os efeitos legais decorrentes da filiação matrimonial.

2. Se não se tratar de um marido, mas de um homem não ligado por um vínculo matrimonial, e o consentimento referido em 1.*a* ou 1.*b* for dado,

Então,

Este consentimento servirá como base para iniciar o processo sob o art. 46 da Lei de Registro Civil, sem prejuízo da ação judicial para reivindicar a paternidade.

3. Se, no caso de um marido ou homem não ligado por vínculo matrimonial, nenhum dos dois tipos de consentimento referidos em 1.*a* e 1.*b* ocorrer

Então,

Não é possível determinar juridicamente nenhuma filiação, nem reconhecer nenhum efeito ou relação jurídica com a criança nascida através da aplicação das técnicas regulamentadas pela lei em questão.

REFERÊNCIAS BIBLIOGRÁFICAS

AARNIO, Aulis; ALEXY, Robert; PECZENIK, Aleksander. "The foundation of legal reasoning". *Rechtstheorie*, vol. 21, 1981.

AARNIO, Aulis; HOECKE, Mark van (Coord.). *On the utility of legal theory*. Tampere: A-Tieto Oy, 1985.

AGUILÓ REGLA, Josep. "Técnica legislativa y documentación automática de la legislación". *Informatica e Diritto*, vol. XVI, nº 1, 1990.

AGUILÓ REGLA, Josep; VIGO, Rodolfo. *Fuentes del derecho*. Buenos Aires: Astrea, 2018.

ALBALADEJO, T. *Retórica*. Madri: Síntesis, 1991.

ALBERT, Hans. "Critical rationalism: the problem of method in social sciences and law". *Ratio Juris*, vol. 1, nº 1, 1988.

ALEXY, Robert. *Argumentación, derechos humanos y justicia*. Buenos Aires: Astrea, 2017.

______. *Teoría de la argumentación jurídica*. Trad. Manuel Atienza e Isabel Espejo. Madri: Centro de Estudios Constitucionales, 1989.

______. *Theorie der juristischen Argumentation*. Frankfurt am Main: Suhrkamp, 1978.

ALLEN, Layman Edward. "Towards a normalized language to clarify the structure of legal discourse". *In*: MARTINO, Antonio A. (Coord.). *Deontic logic, computational linguistics and legal information systems*. Amsterdam: North-Holland, 1982.

______. "Una guida per redattori giuridici di testi normalizzati". *Informatica e Diritto*, vol. V, nº 1, 1979.

ARISTÓTELES. *Retórica*. Tradução, introdução e notas: Q. Racionero. Madri: Gredos, 1994.

ARNAUD, André-Jean. *Critique de la raison juridique*. Paris: LGDJ, 1981.

ATIENZA, Manuel. *La guerra de las falacias*. Alicante: Librería Compas, 2016.

______. "Alexy and the 'argumentative turn' in contemporary legal theory". *In*: BOROWSKI, Martin; PAULSON, Stanley L.; SIECKMANN, Jan-Reinard (Coord.). *Rechtsphilosophie und Grundrechtstheorie*. Tübingen: Mohr Siebeck, 2017.

______. "Contribución para una teoría de la legislación". *Doxa*, nº 6, 1989.

______. "El argumento de autoridad en el Derecho". *El Cronista del Estado Social y Democrático de Derecho*, nº 30, 2012.

______. "El argumento de autoridad en el Derecho". *In*: CAGIAO Y CONDE, Jorge (Coord.). *La notion d'autorité en droit*. Paris: Éditions Le Manuscrit, 2014.

______. "Practical reason and legislation". *Ratio Juris*, vol. 5, nº 3, 1992.

______. "Razón práctica y legislación". *ARSP*, nº 52, 1993.

______. "Sobre la jurisprudencia como técnica social. Respuesta a Roberto J. Vernengo". *Doxa*, nº 3, 1986.

______. "Sobre la nueva ley de la reproducción humana asistida". *El Notario del siglo XXI*, nº 9, 2006.

______. "Sobre la nueva ley de la reproducción humana asistida". *Revista de Bioética y Derecho*, nº 14, 2008.

______. "Sociología jurídica y ciencia de la legislación". *In*: BERGALLI, Roberto (Coord.). *El Derecho y sus realidades*. Investigación y enseñanza de la sociología jurídica. Barcelona: PPU, 1989.

______. "Un filósofo del Derecho francés: André J. Arnaud". *Cuadernos de la Facultad de Derecho*, vol. 2, 1982.

______. "Un modelo de análisis de la argumentación legislativa". *Jornadas de legisprudencia, Anais*. Saragoça: Universidad de Zaragoza, fev. 2018.

______. *Bioética, derecho y argumentación*. Lima: Palestra, 2010.

______. *Contribución a una teoría de la legislación*. Madri: Civitas, 1997.

______. *Curso de argumentación jurídica*. Madri: Trotta, 2013.

______. *Derecho y argumentación*. Bogotá: Universidad Externado de Colombia, 1997.

______. *El Derecho como argumentación*. Barcelona: Ariel, 2006.

______. *El sentido del Derecho*. Barcelona: Ariel, 2000.

______. *Filosofía del Derecho y transformación social*. Madri: Trotta, 2017.

______. *Introducción al Derecho*. Barcelona: Barcanova, 1985.

______. *Las razones del Derecho*: teorías de la argumentación jurídica. Madri: Centro de Estudios Políticos Constitucionales, 1991.

______. *Tras la justicia*. Barcelona: Ariel, 1993.

ATIENZA, Manuel; GARCÍA AMADO, Juan Antonio. *Un debate sobre la ponderación*. Lima: Palestra, 2014.

ATIENZA, Manuel; RUIZ MANERO, Juan. *Las piezas del Derecho*. Barcelona: Ariel, 1996.

AUBERT, V. "Sul mutamento giuridico. Delle pene alle ricompense?" *Sociologia del Diritto*, nº 2, 1987.

AUDI, Robert. *Practical reasoning*. Londres: Routledge, 1989.

BARON, Charles H. "Decisioni di vita o di morte. Giudici vs. legislatori come fonti del diritto". *Ragion Pratica*, nº 19, 2002.

BENTHAM, Jeremy. *Falacias políticas*. Madri: Centro de Estudios Políticos Constitucionales, 1990.

BERGALLI, Roberto (Coord.). *El Derecho y sus realidades*: Investigación y enseñanza de la sociología jurídica. Barcelona: PPU, 1989.

BETTINI, Romano. "Effettività ed efficacia del diritto nella prospettiva della legittimazione". *Sociologia del Diritto*, nº 1, 1984.

______. *Il circolo vizioso legislativo*: efficacia ed efficienza degli apparati pubblici in Italia. Milão: Franco Angeli, 1983.

BLANKENBURG, Erhard. "La recherche de l'efficacité de la loi. Réflexions sur l' étude de la mise en *œuvre* (Le concept 'd'implémentation')". *Droit et Société*, nº 2, 1986.

______. "Rechtssoziologie und Rechtswirksamkeitsforschung: Warum es so schwierig ist, die Wirksamkeit von Gesetzen zu erforschen". *In*: SCHRECKENBERGER, Waldemar (Coord.). *Gesetzgebungslehre*: Grundlagen Zugänge Anwendung. Stuttgart: Kohlhammer, 1986.

BOBBIO, Norberto. "La razón en el Derecho (Observaciones preliminares)". *Doxa*, nº 2, 1985.

______. *Dalla struttura alla funzione*: nuovi studi di teoria del diritto. Milão: Edizioni di Comunità, 1977.

BOROWSKI, Martin; PAULSON, Stanley L.; SIECKMANN, Jan-Reinard (Coord.). *Rechtsphilosophie und Grundrechtstheorie*. Tübingen: Mohr-Siebeck, 2017.

BROWN, Harold I. *Rationality*. Londres/Nova York: Routledge, 1990.

BULYGIN, Eugenio. "Sentenza giudiziaria e creazione di diritto". *Rivista Internazionale di Filosofia del Diritto*, nº 44, 1967.

BUNGE, Mario. *Racionalidad y realismo*. Madri: Alianza, 1988.

______. *Seudociencia e ideología*. Madri: Alianza Universidad, 1985.

CAGIAO Y CONDE, Jorge (Coord.). *La notion d'autorité en droit*. Paris: Éditions Le Manuscrit, 2014.

CALSAMIGLIA, Albert. "¿Debe ser la moral el *único* criterio para legislar?" *Doxa*, nº 13, 1993.

CICERÓN, Marco Tulio. *Sobre el orador*. Tradução, introdução e notas: José-Javier Iso. Madri: Gredos, 2002.

DÍEZ RIPOLLÉS, José Luis. *La racionalidad de las leyes penales*. Madri: Trotta, 2003.

DÍEZ RIPOLLÉS, José Luis; PRIETO DEL PINO, Ana Maria; SOTO NAVARRO, Susana (Coord.). *La política legislativa penal en Occidente*: una perspectiva comparada. Valência: Instituto Andaluz Universitario de Criminología Tirant lo Blanch, 2005.

ESPANHA. "Ley 14/2006, de 26 de mayo, sobre técnicas de reproducción humana assistida". *Boletín Oficial del Estado*, nº 126, 27 mai. 2006. Disponível em: https://www.boe.es/buscar/act.php?id=BOE-A-2006-9292. Acessado em: 15.08.2022.

______. "Ley Orgánica 11/2015, de 21 de septiembre, para reforzar la protección de las menores y mujeres con capacidad modificada judicialmente en la interrupción voluntaria del embarazo". *Boletín Oficial del Estado*, nº 227, 22 set. 2015. Disponível em: https://www.boe.es/eli/es/lo/2015/09/21/11. Acessado em: 15.08.2022.

______. "Ley Orgánica 2/2010, de 3 de marzo, de salud sexual y reproductiva y de la interrupción voluntaria del embarazo". *Boletín Oficial del Estado*, nº 55, 04 mar. 2010. Disponível em: https://www.boe.es/eli/es/lo/2010/03/03/2. Acessado em: 15.08.2022.

______. "Ley Orgánica 4/2015, de 30 de marzo, de protección de la seguridad ciudadana. Texto inicial". *Boletín Oficial del Estado*, nº 77,

31 mar. 2015. Disponível em: https://www.boe.es/eli/es/lo/2015/03/30/4/con. Acessado em: 15.08.2022.

______. "Real Decreto de 24 de julio de 1889 por el que se publica el Código Civil". *Gaceta de Madrid*, nº 206, 25 jul. 1889. Disponível em: https://www.boe.es/eli/es/rd/1889/07/24/(1)/con. Acessado em: 15.08.2022.

______. Cortes Generales. "Congreso de los Diputados". *Diario de Sesiones*, 16 out. 2014. Disponível em: https://www.congreso.es/public_oficiales/L10/CONG/DS/PL/DSCD-10-PL-230.PDF. Acessado em: 15.08.2022.

______. Cortes Generales. "Congreso de los Diputados". *Diario de Sesiones*, 25 nov. 2014. Disponível em: https://www.congreso.es/public_oficiales/L10/CONG/DS/CO/DSCD-10-CO-694.PDF. Acessado em: 15.08.2022.

______. Cortes Generales. "Congreso de los Diputados". *Diario de Sesiones*, 11 dez. 2014. Disponível em: https://www.congreso.es/public_oficiales/L10/CONG/DS/PL/DSCD-10-PL-248.PDF. Acessado em: 15.08.2022.

______. Cortes Generales. "Congreso de los Diputados". *Diario de Sesiones*, 26 mar. 2015. Disponível em: https://www.congreso.es/public_oficiales/L10/CONG/DS/PL/DSCD-10-PL-269.PDF. Acessado em: 15.08.2022.

______. Cortes Generales. "Senado, X Legislatura". *Diario de Sesiones*, 12 mar. 2015. Disponível em: https://www.senado.es/legis10/publicaciones/pdf/senado/ds/DS_P_10_147.PDF. Acessado em: 15.08.2022.

______. Cortes Generales. "Senado, X Legislatura". *Diario de Sesiones*, 09 set. 2015. Disponível em: https://www.senado.es/legis10/publicaciones/pdf/senado/ds/DS_P_10_171.PDF. Acessado em: 15.08.2022.

FEBBRAJO, Alberto. "Alcune ipotesi sulle condizioni di efficacia del diritto". *Sociologia del Diritto*, nº 1, 1975.

______. "Capitalismo, stato moderno e diritto razionale-formale". *In*: TREVES, Renato (Coord.). *Max Weber e il diritto*. Milão: Franco Angeli, 1981.

______. "Regolazione giuridica e autoregolazione sociale". *Sociologia del Diritto*, nº 2/3, 1986.

______. "Sociologia del diritto e prassi giuridica". *Sociologia del Diritto*, nº 2, 1978.

FRÄNDBERG, Åke. "The utility of legal theory for law-making. Some tentative ideas". *In*: AARNIO, Aulis; HOECKE, Mark van (Coord.). *On the utility of legal theory*. Tampere: A-Tieto Oy, 1985.

GARCÍA AMADO, Juan Antonio. "Razón práctica y teoría de la legislación". *Derechos y Libertades*, nº 9, 2000.

GAUTHIER, David. *Morals by agreement*. Oxford: Oxford University Press, 1986.

GINER, S. "Sociology and moral philosophy". *Revue Internationale de Sociologie International Review of Sociology*, 1987.

GIULIANI, Alessandro; PICARDI, Nicola (Coord.). *L'educazione giuridica*. V Modelli di legislatori e Scienza della legislazione. Perugia: Scientifiche Italiane, 1987.

GONZÁLEZ LAGIER, Daniel. "Hechos y argumentos". *Jueces para la Democracia*, nº 45/46, 2003.

______. *Acción y norma en G. H. von Wright*. Madri: Centro de Estudios Constitucionales, 1995.

GRUPO DE ESTUDIOS DE TÉCNICA LEGISLATIVA - GRETEL. *La forma de las leyes*: 10 estudios de técnica legislativa. Barcelona: Bosch, 1986.

GUASTINI, Riccardo. "Produzione di norme a mezzo di norme. Un contributo all'analisi del ragionamento giuridico". *Informatica e Diritto*, nº 1, 1985.

HABERMAS, Jürgen. *Teoría de la acción comunicativa*. Madri: Taurus, 1987.

HART, Henry M.; SACKS, Albert M. *The legal process basic problems in the making and application of law*. EUA: Foundation Press, 1994.

HEYEN, Erk Volkmar. "Historische und philosophische Grundfragen der Gesetzgebungslehre". *In*: SCHRECKENBERGER, Waldemar (Coord.). *Gesetzgebungslehre*: Grundlagen Zugänge Anwendung. Stuttgart: Kohlhammer, 1986.

HÖFFE, Otfried. *Estudios sobre teoría del Derecho y la Justicia*. Barcelona: Alfa, 1988.

IRTI, Natalino. *L'età della decodificazione*. 2ª ed. Milão: Giuffrè, 1999.

KARPEN, Ulrich. "Zum gegenwärtigen Stand der Gesetzgebungslehre in der Bundesrepublik Deutschland". *Zeitschrift für Gesetzgebung*, nº 1, 1986.

LA SPINA, Antonio. "I costi della decisione. Per una sociologia dell'attività legislativa". *Sociologia del Diritto*, nº 3, 1987.

LAPORTA, Francisco. "Teoría y realidad de la legislación: una introducción general". *In*: MENÉNDEZ, Aurelio Menéndez (Coord.). *La proliferación legislativa*: un desafío para el Estado de derecho. Madri: Civitas, 2003.

LENK, Hans. *Entre la epistemología y la ciencia social*. Barcelona: Alfa, 1988.

LOSANO, Mario. "Analisi empirica delle procedure giuridiche". *In*: SCARPELLI, Uberto; TOMEO, Vincenzo (Coord.). *Società, norme e valori*: studi in onore di Renato Treves. Milão: Giuffrè, 1984.

LUHMANN, Niklas. *Rechtssoziologie*. Reinbek bei Hamburg: Rowohlt, 1972.

______. *Rechtssystem und Rechtsdogmatik*. Stuttgart: Kohlhammer, 1974.

______. *Sistema jurídico y dogmática jurídica*. Trad. de I. de Otto. Madri: Centro de Estudios Constitucionales, 1983.

MACCORMICK, Neil. *Legal reasoning and legal theory*. Oxford: Oxford University Press, 1978.

MADER, Luzius. *L' évaluation législative*: pour une analyse empirique des effets de la législation. Lausanne: Payot, 1985.

MARCILLA, Gema. *Crisis de la ley y ciencia de la legislación*. Espanha: Universidad Castilla La Mancha, 2003. (Tese de Doutorado).

MARTINO, Antonio A. (Coord.). *Deontic logic, computational linguistics and legal information systems*. Amsterdam: North-Holland, 1982.

MENÉNDEZ, Aurelio Menéndez (Coord.). *La proliferación legislativa*: un desafío para el Estado de derecho. Madri: Civitas, 2003.

MOSTERÍN, Jesús. *Racionalidad y acción humana*. Madri: Alianza, 1978.

MUGUERZA, Javier. *Desde la perplejidad*: ensayos sobre la ética, la razón y el diálogo. Cidade do México: Fondo de Cultura Económica, 1990.

______. *La razón sin esperanza*. Madri: Taurus, 1977.

MUNNÉ, Frederic. "Reduccionismo y decisiones implícitas en las decisiones judiciales". *In*: SOBRAL, Jorge; ARCE, Ramón; PRIETO, Ángel (Coord.). *Manual de psicología jurídica*. Barcelona: Paidós, 1994.

NEUMANN, Ulfrid. *Juristische Argumentationslehre*. Darmstadt: Wissenschaftliche Buchgesellschaft, 1986.

NOLL, Peter. *Gesetzgebungslehre*. Hamburgo: Rowohlt, 1973.

OLIVER-LALANA, A. Daniel. "Mejores y peores argumentaciones legislativas: un enfoque para evaluar la justificación parlamentaria de las leyes". *Convegno la motivazione delle leggi, Anais*. Milão: Università degli Studi di Milano, Dipartimento Cesare Beccaria, abr. 2017.

ORTEGA Y GASSET, José. *Ideas y creencias*. Madri: Revista de Occidente, 1942.

PANNARALE, Luigi. "Legge e produzione di aspettative". *Sociologia del Diritto*, nº 1, 1983.

PATTARO, Enrico. "La razón en el Derecho. Comentario a Norberto Bobbio". Tradução de M. Atienza. *Doxa*, nº 2, 1985.

PERELMAN, Chaim; OLBRECHTS-TYTECA, Luis. *La nueva retórica*. Madri: Gredos, 1989.

PERRIN, J. F. "Les sciences sociales et le droit". *Sociologia del Diritto*, nº 2, 1982.

POSNER, Richard A. *The economics of justice*. Cambridge: Harvard University Press, 1983.

______. *The problems of jurisprudence*. Cambridge: Harvard University Press, 1990.

QUINTANILLA, Miguel A. *A favor de la razón*. Madri: Taurus, 1981.

RAWLS, John. *El liberalismo político*. Barcelona: Crítica, 1996.

RESCHER, Nicholas. *La racionalidad*. Madri: Tecnos, 1993.

RUIZ MANERO, Juan. *Imperio de la ley y ponderación de principios*. Buenos Aires: Astrea, 2018.

SANTOS, Boaventura de Sousa. "On modes of production of law and social power". *International Journal of Sociology of Law*, nº 13, 1985.

______. "O Estado e o Direito na transição pós-moderna: para um novo senso comum jurídico". *Tercer congreso de la federación de asociaciones de sociología del estado español, Anais*. San Sebastián, set./out. 1989.

SCHRECKENBERGER, Waldemar (Coord.). *Gesetzgebungslehre*: Grundlagen Zugänge Anwendung. Stuttgart: Kohlhammer, 1986.

SOBRAL, Jorge; ARCE, Ramón; PRIETO, Ángel (Coord.). *Manual de Psicología jurídica*. Barcelona: Paidós, 1994.

TARELLO, Giovanni. *Storia della cultura giuridica moderna*. Bolonha: Il Mulino, 1976.

TEUBNER, Gunther. "Aspetti, limiti, alternative della legificazione". *Sociologia del Diritto*, vol. 12, nº 1, 1985.

______. "Evoluzione giuridica ed autopoiesi". *Sociologia del Diritto*, vol. 13, nº 2/3, 1986.

THORNTON, Garth C. *Legislative drafting*. Londres: Butterworth, 1987.

TOMASIC, Roman. *The sociology of law*. Londres: Sage Publications, 1985.

TREVES, Renato (Coord.). *Max Weber e il diritto*. Milão: Angeli, 1981.

TUGENDHAT, Ernst. "Zur Entwicklung von moralischen Begründungsstrukturen in modernen Recht". *ARSP*, nova serie, nº 14, 1980.

VAN DER VELDEN, Willem. "Methodologies of legislation". *In*: AARNIO, Aulis; HOECKE, Mark van (Coord.). *On the utility of legal theory*. Tampere: A-Tieto Oy, 1985.

VAN EEMEREN, Frans H.; GROOTENDURST, Rob. *Speech acts in argumentative discussions*: a theoretical model for the analysis of discussions directed toward solving conflicts of opinion. Berlim: De Gruyter, 1984.

VERNENGO, Roberto. "Ciencia jurídica o técnica política: ¿es posible una ciencia del Derecho?" *Doxa*, nº 3, 1986.

WALDRON, Jeremy. *Law and disagreement*. Oxford: Oxford University Press, 1999.

WASON, P. C.; JOHNSON-LAIRD, P. N. *Psicología del razonamiento*. Trad. de J. del Val. Madri: Debate, 1980.

WINTGENS, Luc. *The justification of legislation - an introduction to legisprudence, a new theory of legislation*. Bruxelas: Université Libre de Bruxelles, 1993. (Tese de Doutorado em Filosofia).

WRÓBLEWSKI, Jerzy. "A model of rational law-making". *ARSP*, vol. LXV, nº 2, 1979.

______. "Rational law-maker and interpretative choices". *RIFD*, vol. LXII, nº 1, 1985.

______. "The rational law-maker. General theory and socialist experience". *In*: GIULIANI, Alessandro; PICARDI, Nicola (Coord.). *L'educazione giuridica*. V Modelli di legislatori e Scienza della legislazione. tomo. III. Perugia: Scientifiche Italiane, 1987.

ZAPATERO, Virgilio. "De la jurisprudencia a la legislación". *Doxa*, nº 15/16, 1994.

A Editora Contracorrente se preocupa com todos os detalhes de suas obras! Aos curiosos, informamos que este livro foi impresso no mês de setembro de 2022, em papel Pólen Natural 80g, pela Gráfica Copiart.